SHICHANG JINGZHENGFA
ANLI SHUYI

市场竞争法案例疏议

尚珂 刘茵 主编

知识产权出版社

全国百佳图书出版单位

图书在版编目（CIP）数据

市场竞争法案例疏议/尚珂，刘茵主编. —北京：知识产权出版社，2018.5
ISBN 978 - 7 - 5130 - 5459 - 1

Ⅰ.①市… Ⅱ.①尚…②刘… Ⅲ.①市场竞争—经济法—研究—中国
Ⅳ.①D922.294.4

中国版本图书馆 CIP 数据核字（2018）第 044114 号

内容提要

随着科技进步和互联网的应用，市场经营活动中的交易模式呈现出多样性和复杂性，加之市场竞争越来越激烈，经营者之间的并购或协同行为越来越多，大量的规模竞争也随之产生，出现了许多受反垄断法调整的市场竞争案件。本书在众多的反垄断案件中挑选出比较有影响的典型案例对其进行分析研判，这些案例对《反垄断法》及相关配套规范性文件的理解和实施有着非常重要的启发作用。

责任编辑：纪萍萍　石红华		责任校对：谷　洋	
封面设计：张　冀		责任出版：刘译文	

市场竞争法案例疏议
尚　珂　刘　茵　主编

出版发行：知识产权出版社有限责任公司	网　　址：http://www.ipph.cn
社　　址：北京市海淀区气象路 50 号院	邮　　编：100081
责编电话：010－82000860 转 8130	责编邮箱：shihonghua@sina.com
发行电话：010－82000860 转 8101/8102	发行传真：010－82000893/82005070/82000270
印　　刷：北京科信印刷有限公司	经　　销：各大网上书店、新华书店及相关专业书店
开　　本：787mm×1092mm　1/16	印　　张：12.5
版　　次：2018 年 5 月第 1 版	印　　次：2018 年 5 月第 1 次印刷
字　　数：202 千字	定　　价：58.00 元

ISBN 978-7-5130-5459-1

序　言

随着科技进步和互联网的应用，市场经营活动中的交易模式呈现出多样性和复杂性，加之市场竞争越来越激烈，经营者之间的并购或协同行为越来越多，大量的规模竞争也随之产生，出现了许多受反垄断法调整的市场竞争案件。分析研究我国反垄断法维护公平竞争秩序的实践经验和理论成果，有助于提高对《反垄断法》的掌握与运用，笔者在众多的反垄断案件中挑选出一些比较有影响的典型案例对其进行分析研判，这些案例对《反垄断法》及相关配套规范性文件的理解和实施有着非常重要的启发作用。

本书的特色在于：一是所选案例具有实践性。所选案例是我国反垄断实践中发生的且引起社会广泛关注的典型案例，涵盖了经营者集中、垄断协议、滥用市场支配地位、滥用行政权力等内容，涉及《反垄断法》所规范的各个方面垄断行为。二是编写的内容紧密结合反垄断法运用中涉及的关键问题。本书的编写，不是简单地复述案情，而是侧重于归纳案件当事人以及法院或反垄断执法机构等观点，并提出相应的法律问题进行分析，这有助于理解反垄断法运用中涉及的关键知识点。三是主题鲜明，结构简洁。笔者本着"观点明确、突出问题、阐述简明、通俗易懂"的编写原则，尽量收集最典型的案例和文献，均按照有利于理解《反垄断法》及相关配套规范性文件的基本原理和制度的逻辑思路来编写。期望本书能有助于读者对《反垄断法》及相关配套规范性文件的理解及对经济法等相关法律制度的理解，并能启发读者对市场发生的竞争问题进行理论研讨。

本书在编写过程中参阅了中国裁判网、商务部、北大法宝等网站所提供的案件信息，并参考了众多学者、业内相关人士的观点，在此表示衷心感谢！同时在本书编写过程中，在校学生张亚萍、周良腾、袁兴组、郭晓山、史新纯、杨玉春、向月、胡耀伟、吴一东等研究生参与了相关资料的初期收集整理工作，亦在此表示感谢！

　　本书是笔者基于对《反垄断法》以及配套规范性文件的研究、理解，并集合多家观点，对典型案例进行的分析和总结。欢迎各位专家、学者同仁与广大读者不吝赐教，对本书内容的错误和不足之处给以批评和指正！

目 录

市场准入制度

市场监管

垄断协议

滥用市场支配地位

经营者集中

滥用行政权力

反倾销与反补贴

互联网反不正当竞争

出租车市场变革案例研究

引 言

近些年来，我国出租车市场的变化是引人注目的。先是全国各地的出租车司机集体罢工，然后是消费者利用打车软件进行网络约车的全国第一例网络专车遭罚案，再到上海市交通委与"滴滴打车"软件运营商的合作，这无不清晰地显示出我国出租车市场随着现代市场经济不断发展逐渐演变的过程。在这些案例的背后，我们可以看到我国传统出租车市场与现代出租车市场间的摩擦与碰撞，也可以看到我国政府与社会公众对待出租车市场发生的新生事物的态度转变，但其反映的根本问题是我国出租车市场准入的开放。对此，我们有必要对我国出租车市场准入制度、发展与变革等一系列问题进行研究和分析。

一、案情详述

在近几年我国出租车市场出现的各类案件中，以 2015 年 1 月 4 日辽宁沈阳出租车罢工事件、2015 年 1 月 17 日网络专车司机遭罚的"全国网络专车第一案"和 2015 年 5 月 18 日上海市交通委宣布与"滴滴打车"合作这三起案例最为典型，它们分别代表了我国出租车市场发展的不同阶段。我们对此重点分析。

（一）辽宁沈阳出租车罢工事件

1. 事件概况

2015 年 1 月 4 日，元旦小长假后首个工作日，辽宁省沈阳市数千辆出租车集体罢运，罢工当天，很多出租车在沈阳市青年大街处聚集停运，表达不满，造成节后首个工作日不少上班族打不到车，当地交警和特警在主要街道对准备游行车辆进行交通疏导。[1] 出租车司机罢运主要源于政府相关部门对黑出租、套牌出租整治力度不够及 2015 年 1 月 1 日起沈阳取消 1 元钱燃油附加费、打车软件类网络专车服务出现抢了客运市场等原因。

2. 事件处理

2015 年 1 月 4 日，在沈阳出租车罢运事件发生之后，沈阳市交通局、沈阳市公安局等部门及时对此事给以回应，交警联合特警在主要街道对游行的出租车辆进行交通疏导。此次罢运事件的挑头者及组织者被警方依法采取强制措施。对于"滴滴网络专车"等问题，沈阳市交通局相关负责人表示，去年 10 月，沈阳市交通局就曾发出通告规定，在未取得出租汽车经营许可的情况下，以提供"网络专车"或"商务租车"服务为名的营运行为，属非法营运。一经查处，将按照有关规定严肃处理。部分客运租赁车辆利用手机软件平台，提供配备驾驶员的客运服务，违反了上述法律规定。交通执法部门一旦查出将会按"黑车"处理，扣车同时还将处以 3 万元到 10 万元罚款。

（二）全国网络专车第一案

1. 事件概况

2015 年 1 月 17 日上午，使用滴滴网络专车软件在济南西客站送客的陈超，被济南客运管理中心的执法人员查处，车辆被暂扣。不久，他就收到了处罚决定书，客运中心认为陈超使用打车软件接客的行为是没有运营牌照而提供有偿服务，属于典型的黑车特征，因此构成非法营运，罚款 2 万元。陈超则认为，他运营当天交易没有完成，属于无偿服务，运管中心无权认定自己的车是黑车；此外，对于处罚的金额为何是 2 万元，陈超不服，所以他向济南市市中区人民法院递交了起诉状，要求济南客运管理中

---

[1] 韦长伟：《强化出租车行业的政府监管——基于 24 起罢运事件的分析》，载《理论探索》2012 年第 5 期，第 108—112 页。

心撤销处罚。❶ 而后，陈超继续状告济南市客运管理中心。

2. 事件处理

截至 2015 年 12 月 19 日，新华网记者从山东省济南市市中区人民法院获悉，被称为全国"网络专车第一案"的济南市民陈超诉济南市城市公共客运管理服务中心客运管理行政处罚一案，因"案件涉及相关法律适用问题需送请有关机关做出解释"，案件已经上级法院批准延长审限。这是继 2015 年 6 月和 9 月两次延长审限后，此案第三次延期宣判。最终于 2016 年 12 月 30 日作出一审宣判，撤销济南市城市公共客运管理服务中心的行政处罚决定书。

（三）上海市交通委宣布与"滴滴"运营商合作

1. 事件概况

2015 年 5 月 18 日，上海市交通委在全国首次代表地方政府部门宣布与"滴滴打车"运营商合作，实现出租车行业的信息互通、资源共享。在此之前，上海市交管部门派出专家对利用互联网进行打车的网络约车软件进行多方论证，并通过到"滴滴专车"运营商公司内部实地考察，认为其运营形式合法合规，有利于提升现代出租车市场的运营效率，有其存在的合理性。由此，上海市交通委正式表态，支持其发展，并与其合作营运。

2. 事件影响

自从打车软件出现后，上海市交通委宣布与"滴滴打车"运营商合作的案例是全国范围内地方政府部门首次明确表态与其合作，承认其合法身份。这与其之前的反对呼声不同，仅此一例的地方政府部门对其支持态度并没有引起全国范围内各地的争相效仿，反而都是处于观望态度，各地方政府部门对此处于比较谨慎的态度。

二、关键法律问题的提出

1. 出租车司机频繁罢工的法律问题分析
2. 如何确定专车的法律地位
3. 政府对待专车的态度如何转变

---

❶ 侯秀慧：《专车法律问题研究》，载《湖北文理学院学报》2016 年第 7 期，第 47—52 页。

三、案例分析研究

（一）出租车司机频繁罢工的法律问题分析

1. 我国出租车市场准入制度积弊已久

在分析这个问题前，我们需要弄清当前我国出租车市场准入制度和黑车这两个概念。

我国出租车市场准入制度。我国对传统出租车行业主要采取三种手段进行监管。首先是数量管制，表现为管制当局采取一定手段限制某一市场的出租车总量；其次是价格管制，即对出租车计费方式和收费标准的管制；再次是服务和安全标准管制，目的是确保出租车服务处于一定水平、满足一定的安全要求，从实施阶段来看，可以分为入行准入标准和日常营运标准管制。[1] 满足以上标准的运营出租车，最后以特许经营和公司化经营模式进行运营。

所谓黑车，是指没有在交通运输管理部门办理任何相关手续、没有领取营运牌照而以有偿服务实施非法运营的车辆。[2]

正是由于地方数量管制、特许经营等出租车行业市场准入标准，致使我国传统出租车行业一时成为市场中的香饽饽，出租车公司因为行政特许成为区域市场中的唯一合法经营者，而传统出租车司机也因为一时间没有竞争对手，出现了甩客、拒载、挑活儿等各类违规载客行为，广大民众对此苦不堪言。随着市场经济的不断发展，面对巨大的市场需求，传统的出租车数量以及其服务方式不能满足市场需要，一部分不具备经营资质（没有运营牌照）的黑车进入传统出租车市场，与传统出租车司机形成竞争局势，而地方管理部门则因为一方面难以全面管制，另一方面是具体执法人员在打击非法运营、执行国家相关政策等方面缺乏应有的行政作为，对违法行为打击不力。这一现象长期得不到解决，传统出租车司机的利益受到威胁，因此，他们以罢工的形式来表达不满。

---

[1] 刘乃梁：《出租车行业特许经营的困境与变革》，载《行政法学研究》2015 年第 5 期，第 61—73 页。

[2] 刘新慧、韩振文：《"网络专车"的法经济学分析》，载《知与行》2015 年第 4 期，第 82—87 页。

传统出租车行业的市场准入弊端，与时代发展需求不符，引发了行业新业态竞争者的入侵，造成传统出租车司机利益外流，于是形成了传统出租车行业与新兴出租车行业的激烈对抗。

2. 出租车公司经营管理方式不合理

我国传统出租车行业存在以下几种经营模式。

（1）北京、上海模式：车辆产权经营权归公司所有，个人出押金，缴份子钱租公司的车来运营。

（2）温州模式：车辆产权、经营权归个人所有，个人自主经营，只向公司缴少量管理费。

（3）郑州、武汉模式：出租车司机出资购车，但车辆产权、经营权归公司所有。

由此我们发现，传统的出租车市场中，出租车的绝大部分经营权是属于出租车公司所有，即使部分出租车归个人所有，但出租车司机仍要上缴部分费用作为出租车管理费。综合来看，几乎所有的出租车司机都要定时定量的缴纳"份子钱"给出租车公司。

份子钱即出租车司机上缴给出租车公司的承包费用，既是前者的主要运营成本，又是后者的主要收入来源。[1] 出租车司机每月从收入中固定支出一部分上缴出租车公司，出租车公司则利用这些钱支撑出租车公司的管理成本［人工成本（各类管理人员工资）、固定成本（办公设施、场地）］、各种税费（营业税、企业所得税等）、车辆折旧、车辆保险、司机保险（五险一金）、企业利润等十几项到几十项。

根据我国出租车行业的市场准入制度，出租车的运营是以行政特许为基础，经过行政特许，出租车公司获得合法运营资质，开展公司运营。这对于出租车公司运营，需要办公场地、设备（出租车车辆、日常办公设备等）、管理人员、资金等要素。公司运营费用是企业的正常营运所必须支出的。份子钱是出租车公司凭借其车辆经营权向出租车司机收取的管理费等，因为运营的各项开支，缴纳"份子钱"也就成为合情合理；但是出租车公司在收取管理费的同时，缺乏准确的开支用途明细，出租车司机无从

---

[1] 高洁：《我国出租车罢运事件的研究——基于不完全契约的视角》，浙江工商大学硕士学位论文，2010 年。

知道自己每月上缴的钱用于哪里，其中有多少部分属于出租车司机需要缴纳的正常开支，哪些又是出租车公司的合法盈利。如此，出租车司机与出租车公司的矛盾逐渐凸显。

此外，还有一些事关出租车司机具体利益的问题。如加气难（加气站设置不合理与加气时间管理不到位使得驾驶员在加气站排队一两个小时很常见，这影响了驾驶员的合理营运时间，使驾驶员的负担过重）。又如取消燃油补贴（2009 年 1 月 1 日中国开始实施征收燃油附加税，就是将现有的养路费转换成燃油税，实行捆绑收费。这在出租车运营方面体现为，之前政府部门对市区运营的出租车每车次起征 1 元的燃油附加费，而出租车司机就把这 1 元的费用加在起步价上，现在政府停收了燃油附加费，出租车司机就没有名目在起步价上多加 1 元，这样起步价就要降低 1 元，如此一来，出租车司机的每月收入减少上千元）。加上缺乏社会保险（部分出租车公司没有给司机确立用人劳动合同关系、缺少五险一金等社会保险）等问题的存在，使得传统出租车司机缺乏一个宽松良好的营运氛围，出租车司机与出租车公司的矛盾日益尖锐，不得不以罢工形式来维护自身利益。

（二）如何确定专车的法律地位

1. 专车的出现

出租车行业的数量管制等市场准入标准保护着具备经营资质的传统出租车公司的利益，而随着市场需求的不断扩大和传统出租车行业弊端的日益积累，一种能够更大程度地满足市场需求，迎合广大民众的消费服务模式诞生了。互联网技术的发展，打车软件出现，这种通过手机或网络预约的打车方式能够随时随地满足不同乘客和不同层次需求。"专车"是网络约车服务模式中的一种特殊服务，它定位于市场中的中高端消费人群，为高端消费群体提供专业、贴心、个性化的乘车服务。

2. 专车的运营模式

专车的运营模式是由车辆来源、驾驶员来源、生产要素组合方式以及接单机制 4 个方面组成，❶ 其中车辆来源主要有专车自有车辆、租赁公司

---

❶ 吴琰飘、马新露、张恒：《专车运营模式与发展策略浅析》，载《城市建设理论研究（电子版）》2015 年第 21 期，第 2967—2968 页。

车辆以及私家车（包括挂靠在租赁公司的私家车）3 种；驾驶员来源有专车平台驾驶员、劳务公司驾驶员（包括挂靠在劳务公司的私家车主）、私家车主 3 种；生产要素组合方式有私家车＋私家车主、租赁公司车辆＋劳务公司驾驶员、平台自有车辆＋平台驾驶员 3 种。专车服务以互联网技术为运营基础，通过构建网络预约平台，在其平台之上，网络运营公司能够对加入的出租车车辆、司机、交易行为等进行实时监测与监控，从而保证整体运营质量。

专车特殊的运营方式和管理方式，决定了专车服务具有更多样化的选择性、更高质量的服务、更便捷优惠的支付方式、更加透明安全的乘车体验等特点。此外，专车服务不仅通过网络预约与传统巡游出租车区分开来，而且有效解决了传统巡游出租车拒载、甩客、挑活儿等违规载客行为的出现，在打破现有出租车垄断市场的同时，极大且高效地方便了广大消费者的出行，这些都是传统出租车所不具备的优势。

3. 专车的身份

尽管专车同传统出租车相比有着诸多优势，然而在专车服务出现之初，它的身份是否合法，是令人质疑的。根据专车运营模式，专车的车辆和司机来源有私家车接入，按照我国现行《城市出租车管理办法》（以下简称《办法》）规定，我国对出租车行业管理实行特许经营，必须经相关政府职能部门的批准才能从事出租车客运服务。没有获得经营许可证，便从事运输服务的行为，则被定义为"非法运输"，通常称作"黑车"；而对于私家车车辆，《办法》是绝对不允许此类车辆进入出租车营运体系的。因此，专车运营模式的出现多数因为不具备营运资质和私家车接入而在法律上被定性为不合法。

以"滴滴"专车为例，滴滴专车在 2014 年 8 月推出后没多久，上海市交通委宣布：滴滴专车是黑车，营运不合法，随后又在 26 日对 12 辆滴滴专车进行查扣，其中 5 辆车驾驶员被行政罚款各 1 万元，剩余 7 辆车尚在调查取证中。❶ 而针对滴滴专车业务即将进入淄博市场这一问题，2014 年 12 月 24 日，淄博市交通运输部门召开新闻通气会，就此首次表态并定性：任何私家车、社会车辆等非正规出租车辆，使用打车软件载客从事出

---

❶ 王兰：《从禁到不禁》，载《汽车观察》2016 年第 4 期，第 99—101 页。

租客运、均属非法行为，如有发现将严肃查处。此后，全国各地反对此类打车软件的地方政府呼声一片。

通过社会各类群体对于专车的态度可以看出，专车的出现对于缓解当前交通运输有一定的积极作用，百姓对此的态度是欢迎的；而从天津、上海、广州、杭州等全国各地方客运管理部门对此的打击态度来看，他们并不承认专车的合法身份。

（三）政府对待专车的态度如何转变

专车服务的出现，使其与地方管理部门的摩擦不断。全国各地纷纷出现打击专车，定性专车为非法运营的局面，而同时专车服务却愈演愈烈，在全国范围内怎么也打击不尽。究其根本原因，主要有两方面：一方面是市场有需求。专车服务能及时解决广大民众在打车高峰期打车难问题；专车服务能有效解决传统出租车司机拒载、甩客、挑活儿等违规载客行为的发生；专车服务能够提供多种方式和不同层次的服务品种，有效满足不同群体的消费需求，所有这些利民的特点，极大方便、高效地满足了一部分人群的出行需求，因此越来越被更多人接受和认可。另一方面是服务安全周到。专车有其存在的市场也是由其管理透明、交易价格合理、服务安全放心、选择多样化的管理运营模式所决定的。

这里我们有必要对专车运营的具体管理模式进行概述：每一辆能够提供专车服务的出租车以及其车辆所配备的司机在运营之前都要经过网络出租车（专车）运营平台的资质审查，审查通过者才能够通过打车软件的网络平台进行接单运营。而在资格审查之初，网络出租车（专车）运营平台就会对审查通过的出租车车辆信息，包括车牌号、运营牌照、司机个人信息（姓名、联系方式）等具体车辆信息进行登记，如此一来，只要上路运营的专车车辆就处于网络出租车（专车）运营平台的监管之中。对于专车司机所提供的每一项专车服务，从消费者通过打车软件下单（消费者下单时间、乘车路线等信息网络出租车平台可记录），到专车司机接单（接单车辆、司机等信息网络出租车平台可监控），到接单成功（乘客乘车时间、出租车行走路线、耗时等信息网络出租车平台可监控），再到消费者最后完成支付（为避免与出租车司机直接现金交易而存在的乱收费隐患，网络出租车平台要求消费者统一通过网络方式进行支付；并对消费者支付金额、支付方式等具体信息进行监控）。整个系列的交易活动都处于网络出租车运营平台的监管之中。网络出租车（专车）运营平台正是通过这样的一套信息监督管理体制，保证了整个专车服务的监督和管理透明，让广大消费者实实在在的安全、放心出行。

正是由于上述两方面的情况，民众的普遍接受和专车运营模式的合理性逐渐被国家和相关政府部门接受。政府已经意识到应该适当放开数量管制，采取合理的管理方式，逐步拓展既有的出租车市场和专车市场间的流动性；应当鼓励让专车司机按合理合法的低门槛准入方式进入市场，也让符合运营条件的司机加入到专车队伍中来。虽然这会对既有出租车市场经营秩序产生冲击，但不得不承认这是市场竞争的结果，是优胜劣汰法则，政府部门也应该遵循事物发展的客观规律。

2015 年 1 月 8 日，交通运输部表态直接使用"专车"一词，承认专车的积极意义。● 此后，交通运输部有关部门表示，当前各类"专车"软件将租赁汽车通过网络平台整合起来，并根据乘客意愿通过第三方劳务公司提供驾驶员服务，是新时期跨越出租汽车与汽车租赁传统界限的创新服务模式，对满足运输市场高品质、多样化、差异性需求具有积极作用。"专车"服务应根据城市发展定位与实际需求，与公共交通、出租汽车等传统客运行业错位服务，开拓细分市场，实施差异化经营。各类"专车"软件公司不仅仅是提供一个运输供需撮合平台，而应当遵循运输市场规则，树立品牌意识，承担应尽责任，让使用"专车"服务的乘客更加安心、放心出行。

面对国家对待专车的态度逐渐明朗，2015 年 5 月 18 日，上海市交通委在结合本地实情和到专车运营商内部考察的双重因素，首次代表地方政府部门宣布与"滴滴"运营商合作，实现出租车行业的信息互通和资源共享。这一方面有利于政府对网络约车行为和专车服务进行更为专业和高效的监管，从而促进整个出租车行业的健康发展；另一方面，有利于相关运营企业在符合政府规范的情况下以合法身份运营，化解与政府对抗的尖锐矛盾。

此后，上海市交通委与专车运营商合作的案例成为典型，专车运营在首次获得合法运营身份后，越来越多的专车信息反馈到我国中央部委，引

● 刘建华：《专车的颠覆与尴尬》，载《小康》2015 年第 7 期，第 62—64 页。

起国家高度关注，出租车行业的改革势在必行。2016 年 7 月 26 日国务院办公厅印发了《国务院办公厅关于深化改革推进出租车行业健康发展的指导意见》和 2016 年 7 月 27 日交通运输部等七部门联合分布了《网络预约出租汽车经营服务管理暂行办法》，专门对专车等网络约车经营行为做出了具体规定。由此，符合标准的网络约车行为可以合法身份进入我国出租车市场，而国家对待专车的合法性身份由此确立。

四、案例启示

通过对以上三个典型案例的分析，我们可以看到我国政府对传统出租车市场准入制度变革的过程，从中可以得到如下启示。

尊重行业发展客观规律。我们必须承认新生事物必然取代旧事物的客观规律，要坚持用发展的眼光看问题，尊重事物发展的客观规律，积极汲取新生事物中的有益精华，指导并规范其向着正确的方向发展，在对待我国传统出租车市场准入制度的改革中更应该注意这一问题。

行业发展倒逼政府改革。不可否认，我国出租车市场需要相关政府部门的法律法规政策约束和强有力的执法手段去规范其发展，但是实践表明，一方面，社会的发展，技术的进步，使得政府的规制及管理方法、手段有可能滞后社会需要，也使得政府的约束性政策经常不能同行业实况同步；另一方面，由于相关政府部门长期积弊，不愿也不能及时更新政策规范，此时最无奈也最无助的办法是行业的发展倒逼政府改革。"滴滴"打车等打车软件和专车服务的出现正是集合了这两方面的因素，一方面，部分地方政府同出租车公司的利益机制，形成垄断；另一方面，打车软件的突然出现和风靡全国，使地方政府措手不及，不能也没有全面意识到其给整个传统出租车行业带来的革新浪潮。社会公众的普遍接受使得政府面对多方压力，不得不对其行业管理改革进行思考。因此，从一定程度上来说，"滴滴"等打车软件的出现，使得政府部门开始正视我国传统出租车行业中积弊已久的不合理租金、承包费、份子钱、黑车非法运营、监管不严、执法不力等问题，倒逼政府进行行业改革。

对于我国当前的出租车市场准入制度改革，建议从以下几方面入手。

（一）政府层面

1. 改善经营环境增加行业稳定因素

当前，出租车司机的集体罢运最直接的因素就是自身的合法权益得不到保护，无法享受到公平的社会回报。因此，从整个行业发展的宏观层面来讲，不管是针对传统出租车司机抑或是互联网背景下的专车司机，国家首先要转变对其发展的态度，充分认识到当前传统出租车行业存在的弊端和专车服务出现的合理性，尊重行业发展客观规律。其次要科学定位，积极设定行业竞争规范标准，如相关法律法规的制定，政策通知的颁布，打击非法竞争，保护公平竞争，从源头上构建全国出租车市场合法、公平竞争的营运氛围。这一方面要尽量维护传统出租车司机的合法权益，另一方面又要给现代专车司机适度让出部分出租车市场，让他们在合法合规的前提下参与市场竞争。地方相关部门，要尊重地方实情，合理制定出租车营运规范，建立标准出租车营运收费制度，完善价格机制，建立公开透明的监督制度；打击黑车和非法营运车辆，同时打破由一家出租车公司垄断一方的地方格局，鼓励有合法运营资质的多家出租车公司或具备网络运营资质的互联网经营公司参与到市场竞争中，重新调整出租车市场的经营秩序，但要规范网络约车经营者、车辆、驾驶员的许可经营管理制度，规范网络约车行为，保障乘客合法权益等。此外，对于出租车司机个人而言，地方政府部门要着重解决其诸如社保、劳动关系等社会福利问题，加气难等社会问题，建立安全的营运环境，建立长效政策机制，防止朝令夕改等，增加行业稳定因素。

2. 尽快完善相关行业立法

专车作为"互联网＋"的产物，因为便捷性、人性化的服务特质，受到用户的好评。[1] 当然新生事物的出现，其法律制度存在滞后性并不意外，但是，中国"专车第一案"和后期全国接踵而来的一张张"专车"罚单，引发国内法学界的高度关注，多位业内人士认为，妥善解决新业态和传统格局间的利益平衡，在专车的现实立法完善中至关重要。正是因为当前我国出租车行业的市场监管中存在漏洞，因此当专车这类新型市场竞争者入市时就会因为缺乏规范而备受争议。电子商务进入传统行业势不可当，但

---

[1] 莫岱青：《"互联网＋专车"叩响法律之门》，载《计算机与网络》2015年第8期，第8—9页。

法律也应与时俱进。为什么全国第一例专车遭罚案的行政处罚为 2 万元，而不是其他额度，这本身就有讨论的空间，但我们应该从未来出租车行业市场监管的整体出发，尽快制定一套与当前市场发展配套执行的出租车行业市场监督规范体系，什么样的出租形式国家会提倡，什么样的运营方式是国家认可的，辨别的标准是什么，对黑车具体要如何监管等，这都是当前我国出租车市场需要尽快解决的难题。而对于这些问题的法律监管都需要具体的法律条文进行明文规定，如此设计才能保证未来的出租车行业有一个健康良性的发展氛围。

3. 规范执法行为构建畅通交流渠道

在众多的罢运案件中，我们发现有些地方政府已经制定并给予了出租车行业和出租车司机们相关的保护和约束机制，但是效果却不明显。分析发现这是由于地方政府部门与出租车行业的沟通渠道不畅和执法不力所致。地方相关执法部门并不是将出租车司机们所反映的问题以规范制度的形式摆在那里或者通过几起处罚行为就能解决整个行业出现的问题，这需要及时、实时的与出租车司机进行交流和沟通，并且执法部门在具体的执法过程中，要充分认识自身行为的性质，不能以重罚代替治理。因此，地方政府要尊重和畅通与出租车市场的交流渠道，化解不满，建立起出租车司机的社会主体感受，社会交流渠道，社会尊重等；实施人性化执法，执法目的以教育为主，处罚为辅，营造公平合理的社会执法氛围。

（二）企业层面

1. 企业自律谋适应

企业的自律主要包括两方面：一是传统出租车市场，二是互联网背景下的网络约车市场。

传统出租车市场地方垄断经营，通过行政许可方式由几家寡头公司运营，充当公共交通的补充。在当前市场经济发展的现状下，一定时期内，他们仍然并继续担任着这份责任，我们必须要首先承认他们的积极作用。但作为传统的出租车公司本身必须要做出两方面的转变，一方面，传统出租车公司本身要加快对自身的行业体制改革，去除长期积弊，提升自身的经营效率和服务水平，以此来增强自身的竞争力。例如：建立公开透明合理的市场准入标准、运营收费制度；完善出租车司机合法权益保护制度；提升公司服务水平、规范其经营行为等。另一方面，传统出租车公司要意识到未来专车服务必将进入到传统出租车市场参与竞争的趋势，要意识到未来的出租车市场必定是一个竞争型的市场，要学会适应现代出租车市场的不断发展，并为将来出租车市场的改革做好准备。

互联网背景下的网络约车经营公司作为现代出租车市场的新生代表，也需要注意：此类网络约车经营公司要尽早尽快的完善自身的行业运营标准，有一套自己的合法合规的运营制度。例如：透明的收费制度、有效的监管体系、完善的服务模式等，在做好自身的同时，等待国家相关法律法规等政策的检验。

由此我们发现，不管是对于传统出租车行业，还是对现代网络约车市场而言，最关键的还是要企业自己顺势而为，并积极地在国家相关法律政策允许的范围内改革自己的运营方式，与国家的产业调整与改革方向步调一致。

2. 利民是根本

为什么以上案件会引起各类社会群体的广泛关注，根本原因在于出租车行业的市场准入标准一定程度上来说关系到广大民众的切身利益，网络约车服务和专车服务的引进对于缓解现有的公共交通压力大、交通高峰期时打车难、传统出租车司机拒载、甩客、挑活儿等违规载客行为以及其他存在安全隐患的搭载问题是一项有力的解决措施。因此，广大民众对其的支持程度比较热烈。此外，国家层面之所以会对此类的网络约车行为开始关注，并对其发展态度有所转变，也确实是因为其出现对现有出租车市场改革有积极的推动作用。网络约车行为不仅提升了现有公共交通运输的效率，更关键的是它符合事物发展的客观规律，对于方便民众的出行极为有利。民众的呼声和市场对其的反应程度也能越来越引起国家相关部门的关注并引导其政策制定。由此，国家也意识到，现代市场经济的发展和政府部门的职能作用在于最大限度地提升国民生活水平，提高民众的满意度，网络约车行为的出现是对现有公共交通的有益的补充，是一项利民措施，符合民众的普遍心理预期，能够提升民众的生活满意度，适度放开传统出租车市场，允许专车或其他类车辆能在法律规范的范围内合法营运，这未尝不是一项利国利民的工程。但这一切都必须是在合法的前提下，如何制定规范合理的市场准入标准，综合考察网络约车的经营资质及其经营行为等具体问题，充分利用各类车辆、真正缓解公共交通压力，为广大民众带来实实在在的实惠等方面，是现在应该思考的问题。

五、相关法律法规

2016 年国务院的《关于深化改革推进出租汽车行业健康发展的指导意见》（以下简称《指导意见》）和交通运输部等七部门颁发的《网络预约出租汽车经营服务管理暂行办法》（以下简称《管理办法》）。

其中《指导意见》主要从国家政策等宏观层面对出租汽车发展定位、经营权管理改革、经营行为规范、价格机制改革、公开透明监管机制等方面做出了系统设计；而《管理办法》则主要针对从事网络预约出租汽车经营者的经营条件，从具体经营权限和经营行为等方面提出了明确要求和规定。这两部管理规定与我们分析的案例之间相关的内容有以下几个方面。

（一）科学定位，适度发展出租汽车

《指导意见》将"专车"等新业态纳入出租汽车管理范畴，将出租汽车分为巡游出租汽车和网络预约出租汽车，提出构建包括巡游出租汽车和网络预约出租汽车新老业态共存的多样化服务体系，实行错位发展和差异化经营。其中，巡游出租汽车可在道路上巡游揽客、站点候客，也可提供预约运营服务；网络预约出租汽车不得巡游揽客，只能通过预约方式提供运营服务。

（二）鼓励出租车行业与互联网融合发展

针对"互联网 +"快速发展的新形势，《指导意见》指出，鼓励巡游出租汽车通过电信、互联网等方式提供运营服务，减少车辆空驶，方便公众乘车。巡游出租汽车可按规定开展预约出租汽车经营。积极运用互联网技术对出租汽车经营者和驾驶员进行服务质量信誉考核，实现优胜劣汰。

（三）建立合理收费标准与透明监督机制

一方面，《指导意见》明确，要建立出租汽车运价动态调整机制，科学制定、及时调整出租汽车运价水平和结构。对网络预约出租汽车实行市场调节价，城市人民政府认为有必要实行政府指导价的除外。对巡游出租汽车实行政府定价或政府指导价；另一方面，《指导意见》要求建立公开、透明的监管机制。要求各地定期公布出租汽车经营权的经营主体、数量、经营权取得方式及变更等信息，以及服务质量信誉考核等有关信息，并向社会及时发布网络预约出租汽车服务质量测评等结果。

（四）多管齐下保证出租车司机合法权益

这主要体现在与出租车司机利益直接相关的"份子钱、打击非法营运、燃油补贴"等方面。

针对出租汽车"份子钱"问题，《指导意见》指出，鼓励、支持和引导出租汽车企业、行业协会与出租汽车驾驶员、工会组织平等协商，合理确定出租汽车承包费标准或定额任务，并根据经营成本、运价变化等因素实行动态调整，通过多种渠道公开承包费或定额任务的项目组成、测算方法。探索利用互联网技术更好地构建企业和驾驶员运营风险共担、利益合理分配的经营模式。

针对监管问题，《指导意见》要求，建立和完善政府牵头、部门参与、条块联动的联合监督执法机制和联合惩戒退出机制，建立完善监管平台，强化全程监管。

（五）对网络约车经营行为实行许可管理

《管理办法》明确指出，网络预约出租汽车经营服务，是指以互联网技术平台为依托，接入符合条件的车辆和驾驶员，通过信息整合，提供非巡游的预约出租汽车服务的经营活动。网络预约出租汽车经营者，是指构建网络服务平台，从事网络预约出租汽车经营服务的企业法人。在《国务院对确需保留行政审批项目设定行政许可事项的决定》（国务院令2004年第412号）的法律框架下，对网络约车经营者、车辆和驾驶员实行许可管理。具体表现为对网络约车行为所使用的车辆、使用性质、驾驶员资质等具体标准做出明确规范。

（六）严格规范网络约车具体经营行为

这主要体现在《管理办法》对网络约车经营者的责任和义务提出明确要求。

《管理办法》指出，网络约车经营者承担承运人责任，应当保证接入车辆具备合法营运资质，应当保证提供服务的驾驶员具有合法从业资格，应当公布确定符合国家有关规定的计程计价方式，合理确定网约车运价，实行明码标价，并向乘客提供相应的出租汽车发票；任何企业和个人不得为乘客和未取得合法资质的车辆、驾驶员提供信息对接开展运营服务。网络约车和驾驶员不得接入未取得经营许可的网络服务平台提供运营服务。

此外，为保障乘客合法权益，《管理办法》还对网络约车经营者的运价设定、发票开出、保险税费缴纳、服务评价体系、投诉处理制度、安全防范措施等方面都提出了明确要求。

中国乳业安全问题案例研究

引 言

因"三聚氰胺事件"引发的中国乳业的信用危机，并未随着"毒奶粉"事件本身的解决而消除，市场对乳制品安全问题的担忧和不信任持续影响产业发展。❶ 乳业行业失信于民所带来的影响范围之大是前所未有的，全行业信誉的崩塌教训之深刻令人反省，这一事件本身表面上看既是企业经营诚信问题，更是市场监管的问题。

一、案情详述

（一）三鹿奶粉中三聚氰胺"添加剂"的发现

• 2008 年 6 月 28 日，位于兰州市的解放军第一医院收治了首例患"肾结石"病症的婴幼儿，据家长们反映，孩子从出生起就一直食用河北石家庄三鹿集团所产的三鹿婴幼儿奶粉。❷ 7 月中旬，甘肃省卫生厅接到医院婴儿泌尿结石病例报告后，随即展开了调查，并报告卫生部。随后短短两个多月，该医院收治的患婴人数就迅速扩大到 14 名。

• 9 月 11 日，除甘肃省外，陕西、宁夏、湖南、湖北、山东、安徽、

---

❶ 张凯：《乳制品加工企业合作信任度研究》，东北农业大学硕士学位论文，2016 年。
❷ 李万里：《我国乳品行业社会责任缺失研究》，南京理工大学硕士学位论文，2010 年。

江西、江苏等地都有类似案例发生。❶

• 9月11日晚，卫生部指出，近期甘肃等地报告多例婴幼儿泌尿系统结石病例，调查发现患儿多有食用三鹿牌婴幼儿配方奶粉的历史。经相关部门调查，高度怀疑石家庄三鹿集团股份有限公司生产的三鹿牌婴幼儿配方奶粉受到三聚氰胺污染。

• 9月11日晚，石家庄三鹿集团股份有限公司发布产品召回声明称，经公司自检发现2008年8月6日前出厂的部分批次三鹿牌婴幼儿奶粉受到三聚氰胺的污染，市场上大约有700吨。公司决定立即对该批次奶粉全部召回。

• 9月13日，国务院对严肃处理三鹿牌婴幼儿奶粉事件做出部署，立即启动国家重大食品安全事故Ⅰ级响应，并成立应急处置领导小组。❷

• 9月15日，甘肃省政府新闻办召开了新闻发布会称，甘谷、临洮两名婴幼儿死亡，确认与三鹿奶粉有关。

• 12月19日，三鹿集团又借款9.02亿元付给全国奶协，用于支付患病婴幼儿的治疗和赔偿费用。

• 12月下旬，债权人石家庄商业银行和平西路支行向石家庄市中级人民法院提出了对债务人石家庄三鹿集团股份有限公司进行破产清算的申请。

• 12月31日，石家庄市中级人民法院开庭审理了三鹿集团股份有限公司及田文华等4名原三鹿集团高级管理人员被控生产、销售伪劣产品案，庭审持续14小时。

• 2009年1月22日，三鹿系列刑事案件，分别在河北省石家庄市中级人民法院和无极县人民法院等4个基层法院一审宣判。❸ 到此为止，三鹿事件才暂且告一段落。

（二）国产乳业的信用坍塌

2008年9月19日，伊利、蒙牛及光明三家品牌液态奶被中国质检总局公布含有三聚氰胺，当局抽检蒙牛121批次产品中，有11批次被检出三

❶ 高敬：《2008年代值得关注的95个关键词》，华东师范大学出版社2009年版。
❷ 段小华：《三聚氰胺检验我国快速应对能力》，载《创新科技》2008年第11期，第22—23页。
❸ 王宝宁：《从三鹿奶粉事件引发的法律思考——以人为本科学发展观的视角》，江南大学硕士学位论文，2009年。

聚氰胺，检出值在每公斤0.8~7毫克。❶伊利81批次产品中，有7批次检出三聚氰胺，检出值在每公斤0.7~8.4毫克。光明93批次产品中，6批次检出三聚氰胺，检出值在每公斤0.6~8.6毫克。不过在三元和雀巢产品中并无发现三聚氰胺。

在海外方面，新加坡与中国香港发现中国产制伊利雪条和大白兔奶糖含有三聚氰胺。中国台湾则是在大陆进口的奶精中发现三聚氰胺，此事导致台湾使用大陆奶精的产品包括即溶咖啡、麦片等大规模下架。这是全球第一回发现大陆植物性蛋白类产品掺有三聚氰胺的案例。香港也疑似在雀巢公司的炼乳中发现三聚氰胺的踪迹。

（三）事件的影响

"毒奶粉"事件导致2008年当期全行业减产停产，数万名职工下岗，240多万户奶农杀牛、倒奶。2009年，我国乳制品进口从2008年的35万吨猛增到59.7万吨。国产婴幼儿奶粉行业元气大伤，长期难以恢复。事件的发生造成了极坏的社会影响，引发了公众的信任危机。

1. 业内遭遇空前信任危机，"洋奶粉"大受追捧

2008年以前，由于及时的供应和低廉的价格，国产奶粉有着不俗的销售业绩，而进口奶粉在受众认知程度和价格上均处于劣势，在国内所占市场还很小。"毒奶粉"事件爆发之后，国外禁止进口中国乳品，多个国家和地区开始全面或部分禁止中国奶制品及相关产品（糖果、咖啡和巧克力等）的销售或进口，包括加拿大、英国、意大利、法国、俄罗斯、日本、欧盟等。国产奶粉面临空前的信任危机，尽管我国已颁布了最新的食品安全法，但关于奶粉的安全事故仍然不绝于耳，每一次的风吹草动都让人怀疑"毒奶粉"将卷土重来。宁肯多跑腿、受累、多花钱，也要让孩子吃上国外的奶粉成为许多家长普遍的心态。

国产奶粉的信任危机让进口奶粉在中国市场得到了迅速发展，2008年中国奶粉进口量为14万吨，2009年激增到31万吨；❷2010年增长至48万吨；2011年、2012年持续保持旺盛的增长态势。但好景不长，某些洋品牌

❶ 李凡：《中国基层民主发展报告：2009》，华文出版社2009年版。
❷ 邵泽慧、郭良、吴旦颖：《洋奶粉：中国乳业的榜样和纠结》，载《乳品与人类》2011年第6期，第34—37页。

的婴儿配方奶粉进入中国没多久便"中国特色化",频频爆出质量问题,直接导致中国内地妈妈们的惶恐,代购、港澳台市场、国外市场大为盛行。

三聚氰胺事件以来,国家对乳业的监管大大加强,农业部从2009年开始连续7年实施生鲜乳质量安全监测,监测数据显示,2014年我国规模牧场生鲜乳菌落总数17.3万个/毫升,个别企业低于2万个/毫升,大大高于欧盟50万个/毫升的标准。农业部长韩长赋多次忠告国人,国产奶粉一点都不差,不要盲目相信国外的。然而,国人依然疯抢"洋奶粉",这暴露的无疑是行业内的信任问题。

2. 许多国家和地区对中国消费者采取"限购"措施

我国港澳台地区、澳大利亚、新西兰、德国、欧盟等国家和地区的奶粉遭到国人疯抢,多地奶粉被抢购一空达到"熔断"。从2012年开始,许多国家和地区的超市卖场纷纷采取措施限购奶粉,2012年6月,美国的Target、Walmart等大卖场发布了奶粉限购5~12盒的限购令。2012年9月,新西兰当地的部分超市贴出中文标注的"奶粉一人一次限购两罐"的限购令,不过历经两个多月的整顿后,新西兰政府又解除"限购令"。2012年10月,澳大利亚的多家大型连锁超市、药房贴出中文限购标志,每人限购3罐。2013年1月,德国的大型超市"DM"对当地的婴儿奶粉特福芬、喜宝等实行了限购,每人限购4盒。2013年1月,荷兰商业企业进行了自发的限购,在当地各大超市、百货店、药店购买奶粉,每人限购从1罐到3罐不等。❶香港特区2013年3月1日起实施《2013年进出口(一般)(修订)规例》,根据该法例,在没有申报的情况下,离开香港的16岁以上人士每人每天不得携带总净重超过1.8公斤的婴儿配方奶粉,这相当于普通的两罐900克奶粉,违例者一经定罪,最高可被罚款50万港元及监禁两年。

虽然许多国家和地区对中国消费者采取"限购"措施,但依旧没能够缓解国人对于"洋奶粉"的需求,在巨大的利益吸引之下,许多海外人士通过代购的方式继续"扫货",在此背景下,当地消费者很难买到奶粉,

---

❶ 贺佳颖、陈诗松:《香港奶粉限购令波及欧洲》,载《农产品市场周刊》2013年第9期,第58—59页。

许多当地民众对于奶粉短缺的情况表示担忧，纷纷抗议，甚至对中国人产生了不满的情绪，个别地区发生了针对华人的"泼奶粉"事件，令人唏嘘不已，同时，许多无良商家妄言婴幼儿配方奶粉更能促进大脑的发育，无疑对于缺乏正确舆论引导的国人疯抢起到了推波助澜的作用，对此，多国政府开始鼓励"母乳喂养"以平息当地人对于中国消费者抢购奶粉的不满。

3. 中国乳业遭到重创，多地奶农倒奶、宰牛，损失惨重

"毒奶粉"事件爆发后，由于检测设备的落后造成的收奶速度减缓、乳企产量萎缩造成的鲜奶需求量减少，陕西、湖北、北京、辽宁等地的奶农们含泪把一桶桶的鲜奶倒在田里的报道屡屡出现。从 2008 年 11 月开始，全国出现了大规模的杀牛现象。以 2008 年鲜奶供应量计算，如果不发生三聚氰胺事件，2008 年的产量应该会在 3800 万吨以上，但根据相关统计数字，2008 年的乳制品总产量约在 3400 万吨，全年萎缩 10% 以上，乳制品产量减产 400 万吨。以生鲜奶粗略收购均价 2.4 元每公斤计算，仅 2008 年一年，因倒奶、杀牛导致的奶农直接经济损失便超过 9.6 亿元人民币。此后，牛奶行业在 2009 年 10 月左右才出现缓慢的复苏，此事件的影响无疑是深远的。

时至今日，中国的奶业依然没能走出"毒奶粉"事件的影响，虽然有关部门和许多企业纷纷致力于解决我国食品安全问题，但媒体报道不断渲染中国食品安全的消极舆论，导致民众始终觉得"国产奶粉不可信"。同时，2014 年以来，在国内与国际奶价不匹配的背景下，由于中国奶业发展时间短，现代化奶业发展体系不够完善，饲养成本高、单产水平低，与国外相比综合生产能力低下，多地区又一次爆发倒奶、宰牛事件，由于生产难以维系，很多养殖户的原奶失去了下家，无合作关系的奶源只能找出路卖给"奶贩子"。更有甚者，养殖户自己加工一下就卖到市场，带来很大安全隐患。由此可见，在乳业的市场调控和监管问题上，我国还有很长的路要走。

二、关键法律问题的提出

1. 三聚氰胺是一种什么样的物质
2. 为什么三聚氰胺会在牛奶中出现
3. 在牛奶产业链中出现问题环节的分析

4. 是什么导致奶企需要通过添加三聚氰胺才能通过质检

5. 我国食品安全管理中存在的问题

三、案例分析研究

（一）三聚氰胺是一种什么样的物质

三聚氰胺（Melamine）（化学式：$C_3H_6N_6$），俗称密胺、蛋白精，被用作化工原料。它是白色单斜晶体，几乎无味，微溶于水（3.1g/L 常温），可溶于甲醇、甲醛、乙酸、热乙二醇、甘油、吡啶等，不溶于丙酮、醚类、对身体有害，不可用于食品加工或食品添加物。❶

《精细有机化工原料及中间体手册》显示，三聚氰胺"低毒，无刺激性，高温下可能分解产生氰化物（有较大毒性），故应避免高温"。

由国际化学品安全规划署和欧洲联盟委员会合编的《国际化学品安全手册》（第三卷），对三聚氰胺则有如下描述："长期或反复接触作用：该物质可能对肾发生作用"。

由以上分析，我们可以得出结论，三聚氰胺属于化工原料，可能对肾发生作用，对人体有极大的危害，不能用于食品加工或食品添加物，将三聚氰胺添加于奶粉之中是非法的。

（二）为什么三聚氰胺会在牛奶中出现

根据国家食品药品监督管理总局 2014 年发布实施的食品卫生类别的部门规范性文件——《食品安全监督抽检和风险监测实施细则（2014 年版）》中有明文规定，GB 5009.5《食品安全国家标准食品中蛋白质的测定》，不管是凯氏定氮法，分光光度法，还是燃烧法，都是通过含氮量换算为蛋白质的含量。

蛋白质主要由氨基酸组成，其含氮量一般不超过30%，而三聚氰胺的分子式显示，其含氮量为66%左右。由于标准中的方法只能测出含氮量，并不能区别饲料中有无合规添加剂或违规化学物质，所以，加了三聚氰胺的饲料理论上可以测出较高的"蛋白质含量"。因此，在饲料或食品中添

---

❶ 刘新光：《生物化学》，中国协和医科大学出版社 2013 年版。

加这种化学物质，其含氮量立即大幅上升，从而蛋白质含量"虚高"。❶

由此可见，由于国内对于食品中蛋白质的测定方式是通过含氮量来换算蛋白质的含量，低成本、易获取的三聚氰胺可以通过提高常规检测中得出的含氮量，进而得出理论上的较高的"蛋白质含量"，但是，三聚氢胺本身无法替代蛋白质，几乎没有任何营养价值。

（三）在牛奶产业链中出现问题环节的分析

从常理判断，奶粉中出现三聚氰胺，无非存在三种可能性：一是奶牛吃了含三聚氰胺的饲料，传导至所产的鲜牛奶中；二是由原料中加入，即三聚氰胺掺入鲜牛奶或奶粉的其他辅料中；三是在生产环节中加入。

第一种基本不存在可能性。奶牛吃了此类饲料，要么不消化而在体内累积，进而伤害其自身；要么消化后排泄，不可能以原封不动的化学形式进入鲜牛奶。

对于第二种可能性，要想让加入三聚氰胺后的鲜牛奶营养比协调，一般还需再向鲜奶中加水和脂肪。但一般的脂肪产品很难加入，必须加专业匀质脂肪。此类手法非一般奶农所能掌握。

因此，奶站掺入、厂家在生产环节添加三聚氰胺可能性较大。伊利、蒙牛、光明等知名厂家被曝检测出三聚氰胺，无疑证实了添加三聚氰胺是牛奶行业内比较普遍的问题，而这种问题的普遍存在，就涉及行业自律、监管等方方面面，值得我们去深思。

（四）是什么导致奶企需要通过添加三聚氰胺才能通过质检

就目前来看，由于奶源供应量持续增加，进口乳制品大量的涌入，导致国内的原奶生产相对过剩，多地报道奶农倒奶、杀牛，看到这里，我们不禁会疑问，有这么多的牛奶，为什么还要在牛奶中添加三聚氰胺？

据调查显示，从 2005 年到 2007 年 10 月之前作为主要产奶区的内蒙地区原奶价格在 0.9 元/斤一直未变。与此同时，养牛主要成本，玉米价格从 0.3 元/斤涨到 0.6 元/斤。从而造成从 2006 年后半年开始到 2007 年上半年养牛完全不挣钱，此种情况下，奶农开始通过杀牛来减少供给。而农民大量无组织的杀牛导致奶牛数量锐减，牛奶的供应迅速地由过剩转为短缺。

---

❶ 张悦：《乳业重创》，载《福建轻纺》2008 年第 9 期，第 40—42 页。

大部分奶农都坚持不住的时候，奶价就疯狂地上涨，这时，企业因为收不到奶，开始不论质量好坏而高价收奶，虽然提价，但原奶的供应量始终不足，这就导致了奶量不够、掺水、添加三聚氰胺"提高"蛋白质含量过检的。

我们又会有疑问，为何奶企要冒险添加三聚氰胺，又是什么原因导致我国的原奶供应在数量和质量上波动如此剧烈的？

中国的奶产品链是断裂的，即奶农、奶站和乳品企业相互之间不是利益共同体，反而是一个上游吃下游的状态（乳品企业比奶站强势，奶站比奶农强势）。在各个环节上，从奶农养殖到奶站收奶，再到企业加工，小规模、分散化是共有的缺陷。

首先，在奶农方面，改革开放之后，因成本太高，奶牛的饲养被划分出去，企业只重视乳品的生产和销售，"散户养殖"模式成为中国养殖业的普遍形式，到2005年中国80%的养殖户都是散户，1000头以上的大农场只占了4%。散户养殖节约了乳品企业的成品，但奶牛产奶的质量却得不到保障。同时，由于是散户，抵抗市场风险的能力不强，经常跟风式的进入或退出，导致了当奶价上涨，就匆忙买牛，当市场不景气时，便纷纷退出，产生倒奶、杀牛等问题。

其次，在奶站方面，奶牛都是散户养，奶站就成了连接奶农与乳品企业的桥梁，从奶农收购牛奶，然后批量送到企业检验，在三鹿奶粉事件爆发之前，奶站是监管的空白，再加上准入门槛低，流动奶贩和小型奶站不断成长，这些奶农和奶站没有足够的专业知识和设备对收到的奶进行检测。

最后，从整个牛奶行业方面讲，生产链断裂，乳品企业很少会考虑奶农和奶站的利益，由于掌握更多的信息，乳品企业会根据国际奶源供应量信息作出对企业最有利的决策。而奶农和奶站则处于劣势，很难有议价能力，这种利益分离的结果对于乳品行业的影响就是奶农、奶站受国际市场奶源影响极大，乳品企业的奶源质量不稳定。

（五）我国食品安全管理中存在的问题

1. 食品检测标准粗放，标准更新速度慢

对比我国与国际上的食品安全标准，从国家标准的层面，由于在测度的侧重点上有区别，不能一概而论。但从某些食品方面的标准来看，国际上的标准普遍要比国内的标准要严格的多，出现了一流产品出口，二流产品内销的局面。2010 年麦当劳的麦乐鸡在美国被发现含有两种化学成分，"聚二甲基硅氧烷"和"特丁基对苯二酚"，而麦当劳中国公司对此回应称，这两种物质含量均符合现行中国食品添加剂使用卫生标准。据外媒报道，来自瑞典研究机构的数据表示，雀巢等品牌生产的部分婴儿食品含有砷、铅等毒重金属，存在安全隐患。中国疾病预防控制中心随后通报，这些品牌在华产品检出的砷、铅等重金属，均未超出中国标准。❶ 可以看出，在标准的制定上仍须细化规定。

除了食品限量标准的规定之外，体现在标准的更新速度上，发达国家的食品技术标准修改周期一般为 3～5 年，而国内许多食品标准都是超期的，如截至 2009 年 4 月"食品添加剂"字样的国家标准共有 154 项，其中有 61 项实施已经满 10 年甚至 10 年以上，标准的制定和更新严重滞后于技术的发展。❷ 从食品安全标准检测技术、方法和检测人员的专业水平来看，并不能满足当前食品安全问题的需求，检测人员多为非专业人员，许多方法在使用上存在漏洞，盲目的相信"检测数据"导致误判（如通过"含氮量"检测牛奶中蛋白质的含量）。

2. 食品安全的检测监管存在问题

问题主要表现为多头管理、分段管理，责任意识缺乏。

我国于 2004 年开始进行分段监管的食品安全监管体制，这种监管体制在全程监管中存在漏洞和空白，《食品安全法》的出台，在设立食品安全委员会、明确卫生行政部门承担食品安全综合协调职责等方面有一定的进步，但在新法中仍然延续了分段管理的监管模式，不同部门负责食品链的不同环节，这种监管体制从表面上看是各部门各负其责，职能覆盖了整个食品链，但实质上监管仍然存在监管主体缺位的问题。"毒奶粉"事件中，奶站不属于任何一个监管部门管理，事件发生后，农业管奶站、质检管生产、工商管流通，而回收的近万吨三鹿毒奶粉如何销毁、销毁途径是什么，这一处理环节，却没有明确的责任，在实施的过程中无法杜绝互相推

❶ 樊永祥：《我国食品安全标准体系与发达国家基本相同"内外有别"之说毫无依据》，载《中国卫生标准管理》2011 年第 3 期，第 41—45 页。

❷ 江佳：《我国进口食品安全监管存在的问题及对策》，载《云南电大学报》2011 年第 2 期，第 66—70 页。

诿的问题，分段监管的体制在实际操作中造成一些监管缝隙。❶由于目前政府对此尚未做出明确规定，质监、工商等部门衔接不够紧密，带来严重的食品安全隐患。

部分地方政府和相关部门没有把食品安全问题放到应有的高度，缺少责任意识，2010年初，媒体曝光了部分乳品企业违法将本应销毁的三聚氰胺超标的回收奶粉用于回炉生产，在青海一家乳制品厂，检测出38吨毒奶粉三聚氰胺超标达500余倍，原料来自河北等地，相关监管部门责任缺失，间接促进了食品安全事故的加重和蔓延。❷

在食品监管的事务上，地方政府与中央政府并非一体，在GDP考核政绩的背景下，地方政府更容易放松监管以换取地方的GDP。在2004年和2008年的奶粉事件中，有关政府或保护地方经济或祖护地方官员，未能及时向中央政府报告事故，部分的官员没有认识到食品安全问题的严重性，没有明确应承担的监管责任，使得食品安全的监管让位于地方经济发展。

3. 监管的法律法规、信息披露制度不完善

我国与食品安全相关的法律法规数量众多，但许多规定与《食品安全法》并不一致，不少食品的标准和法规都存在更新滞后的现象，农业、卫生、质检部门分别根据各自的工作需要制定食品安全的标准，往往造成对同一食品有不同的安全标准，同一检测项目有不同的限量值要求，标准重复交叉、空白的情况比较普遍。❸如婴幼儿配方奶粉国家标准即GB10765—1997、GB10766—1997、GB10767—1997中对于蛋白质含量的要求不一致。

食品安全问题产生的原因是信息不对称，食品生产者或者销售者对于自己产品的安全性永远比消费者了解得多，在利益的驱动下，食品生产者或销售者可能故意隐瞒一些与该产品的安全性有关的信息，造成市场失灵。我国目前的食品安全信息披露主要是媒体通过负面信息报道，引起公众及当地政府的关注，进而对涉案企业进行查处或惩罚，促进行业自律，电视、网络等大众传媒对于食品安全的负面报道起到了很重要的作用，这

---

❶ 陈竹：《农产品质量安全治理研究——基于契约理论和规制理论的双重视角》，复旦大学博士学位论文，2013年。

❷ 徐诚：《我国食品安全的监管体系问题研究》，上海交通大学硕士学位论文，2011年。

❸ 邢怀军：《我国食品安全监管问题的探究》，载《知识经济》2015年第3期，第1页。

也折射出一定的问题。政府在信息披露中的角色缺位，原本应该是政府扮演核心角色，相关监管部门通过监管体系及时获得信息，通过媒体或其他渠道发布，而我国恰恰相反；同时，由于我国在食品安全信息资源上的缺失，多是在问题发生之后，才引起重视，有关部门有限的信息披露不能及时警示和指导消费者。

有严格规范的标准，如果疏于监管，标准将得不到贯彻实施；不管是监管部门的定期检查还是供应商的巡查，都无法避免违法企业的"有组织的实施违法生产经营"，不法商贩会想方设法地逃避监管和"提前通知式"的检查，而许多颇有声誉的全球大牌企业在食品安全问题上频频"落马"，也为执法者敲响了警钟，不能因以往良好的生产记录而放松警惕。

四、案例启示

竞争的加剧，全球化生产让食品生产链条拉得很长，跨越多个国家和地区，食品安全问题是无法避免的，但我们可以对于出现的问题及时反映，并据以完善标准的制定和监管，约束企业的行为，综合以上案例可以总结出国内，甚至是国外所存在的共同的食品安全问题的解决建议。

（一）标准的制定、实施方面

在标准的制定方面，首先应增强标准制定过程中社会成员的参与程度。[1]《食品安全法》第 2 条规定：制定食品安全国家标准，要广泛听取食品生产经营者和消费者的意见。通过建立国家标准信息资源交流平台，鼓励食品生产经营者和消费者通过该平台为食品安全标准的制定、实施、监管提供建议；同时，建立食品安全标准制修订的监管制度，通过立法提高标准和法规的更新速度，解决其缺失与滞后问题。食品安全法对食品安全标准的规定比较粗放，缺乏具体的评判标准。加大食品安全标准的制定、更新力度，弥补制度上的空白，积极采用国外先进标准，保持食品安全标准的先进性。

在标准的实施方面，强化企业实施标准开展标准的宣贯和培训，及时公开食品标准信息，大力普及食品安全标准知识，促使企业实施人员了

---

[1] 韦玮：《我国食品标准制定现状与对策研究》，西南政法大学硕士学位论文，2012 年。

解、熟悉标准，提高企业负责人标准化意识，强化企业对食品安全标准的实施。加强食品企业产品标准的备案管理，推动食品行业实施标准化生产，引导企业建立企业标准体系，加强食品标准实施的监督检查，促使企业严格按照标准组织生产，提高企业执行标准的自觉性；同时，发挥行业协会的作用，国内行业协会对企业的影响力一直很弱。逐步提升行业协会的地位和能力，通过行业协会宣传食品安全标准，监督企业行为，让更多的食品生产者和经营者了解食品安全国家标准、遵守食品安全国家标准，有效推动标准的实行，促进整个食品行业的健康发展。❶

（二）食品安全监督方面

创新监管执法方式，加大执法检查的频率和强度，在监督检查的时间安排和目标选择上保留一些灵活度和随机性。许多的市场行为更多的依靠行业的自律，但仅仅依靠行业的自律是远远不够的，由于信息的不对称，有关部门没有、也不可能做到面面俱到地发现问题，这就要求相关部门互相监督加强监管，通过科学统筹安排，制定科学有效的监管和检查方法，杜绝有关厂家应付检查的行为。

同时，细化监管职责，建立信息溯源制度，健全监管机制。我国国情决定了不可能由一个部门负责所有的食品安全标准的监管工作，尽可能细化监管职责，将各项监管任务细化到每一个具体环节，加大监管力度。同时，建立信息化的"食品质量安全追溯系统"，健全监管机制，在借鉴发达国家经验基础上，结合我国的实际，建立食品安全全程无缝隙化监管体系。

（三）引导企业、舆论监督方面

发挥政府、协会的作用，对于直接生产食品的企业实行有效引导，让企业树立社会责任意识，对公众普及信息资源，并建立公开透明的全国食品安全信用体系。通过网络平台等方式落实企业产品的备案制度，让消费者在购买食品时只要输入企业名称就可以查出企业的生产销售档案，保证消费者知悉所购买食品的真实情况。

同时，继续发挥媒体对于不法企业曝光的震慑作用，"毒奶粉"事件

---

❶ 于华江：《食品安全法》，对外经济贸易大学出版社2010年版。

发生后，绝大多数媒体都表现得非常谨慎，仅以"某品牌奶粉"、"某一种奶粉"等字样进行报道。政府和有关监管部门应该采取措施鼓励媒体对于不法行为的曝光，同时，也应逐渐地发挥更加核心的作用。食品危机关系国计民生，食品安全面前，政府需要发挥核心作用，监管部门实时追踪并发布信息，媒体作为媒介，合理引导和警示消费者，避免或减少侵害的发生。

（四）消费者自我保护意识方面

食品安全问题每次都牵动人心，给消费者带来的损害往往危及生命，提升自我保护意识十分必要。但是从现实来看，食品安全事件爆发后，人们才会意识到食品安全的重要性。对消费者而言，现有食品风险的传播性、危害性及不确定性使得风险远远超出了个人所能承受的范围。从个人风险到社会风险，需要借助政府的干预加以预防、控制或消除。这意味着，监管部门仍应通过事前的生产经营许可、事中的监督抽查以及事后的违法处罚，履行保证食品安全的监管责任。食品安全的全程监管，消费者是最后一道环节，尽管这一末端的安全保障责任并不是法律要求的。消费者通过自觉消费，通过系统的食品安全教育和风险交流，可选择符合个人饮食安全特殊性的食品，选购具有"安全标志"的食品，注重食品购买后的加工处理，如生熟食分开处理等。

消费者不仅要通过认知提高自我保护能力，也要意识自身消费行为的社会意义。消费者通过信息的告知与获取参与监督，也有利于改善食品安全治理环境。然而，要实现这一点，首先在信息告知和获取上应为消费者提供便捷，如设食品风险预警与风险交流的媒介；通过组织和程序的安排为消费者参与行政决策提供平台；通过透明原则，让消费者看到被改善的食品安全治理环境，进而提升自觉的积极性，如公开会议记录，说明相关政策法规的决策是如何考虑消费者诉求的。

五、相关法律法规

（一）《中华人民共和国食品安全法》

第五条 国务院设立食品安全委员会，其职责由国务院规定。

国务院食品药品监督管理部门依照本法和国务院规定的职责，对食品生产经营活动实施监督管理。

国务院卫生行政部门依照本法和国务院规定的职责，组织开展食品安全风险监测和风险评估，会同国务院食品药品监督管理部门制定并公布食品安全国家标准。

国务院其他有关部门依照本法和国务院规定的职责，承担有关食品安全工作。

第二十五条 食品安全标准是强制执行的标准。除食品安全标准外，不得制定其他食品强制性标准。

第二十六条 食品安全标准应当包括下列内容：

（一）食品、食品添加剂、食品相关产品中的致病性微生物，农药残留、兽药残留、生物毒素、重金属等污染物质以及其他危害人体健康物质的限量规定；

（二）食品添加剂的品种、使用范围、用量；

（三）专供婴幼儿和其他特定人群的主辅食品的营养成分要求；

（四）对与卫生、营养等食品安全要求有关的标签、标志、说明书的要求；

（五）食品生产经营过程的卫生要求；

（六）与食品安全有关的质量要求；

（七）与食品安全有关的食品检验方法与规程；

（八）其他需要制定为食品安全标准的内容。

第三十四条 禁止生产经营下列食品、食品添加剂、食品相关产品：

（一）用非食品原料生产的食品或者添加食品添加剂以外的化学物质和其他可能危害人体健康物质的食品，或者用回收食品作为原料生产的食品；

（二）致病性微生物，农药残留、兽药残留、生物毒素、重金属等污染物质以及其他危害人体健康的物质含量超过食品安全标准限量的食品、食品添加剂、食品相关产品；

（三）用超过保质期的食品原料、食品添加剂生产的食品、食品添加剂；

（四）超范围、超限量使用食品添加剂的食品；

（五）营养成分不符合食品安全标准的专供婴幼儿和其他特定人群的

主辅食品；

（六）腐败变质、油脂酸败、霉变生虫、污秽不洁、混有异物、掺假掺杂或者感官性状异常的食品、食品添加剂；

（七）病死、毒死或者死因不明的禽、畜、兽、水产动物肉类及其制品；

（八）未按规定进行检疫或者检疫不合格的肉类，或者未经检验或检验不合格的肉类制品；

（九）被包装材料、容器、运输工具等污染的食品、食品添加剂；

（十）标注虚假生产日期、保质期或者超过保质期的食品、食品添加剂；

（十一）无标签的预包装食品、食品添加剂；

（十二）国家为防病等特殊需要明令禁止生产经营的食品；

（十三）其他不符合法律、法规或者食品安全标准的食品、食品添加剂、食品相关产品。

第八十一条　婴幼儿配方食品生产企业应当实施从原料进厂到成品出厂的全过程质量控制，对出厂的婴幼儿配方食品实施逐批检验，保证食品安全。

生产婴幼儿配方食品使用的生鲜乳、辅料等食品原料、食品添加剂等，应当符合法律、行政法规的规定和食品安全国家标准，保证婴幼儿生长发育所需的营养成分。

婴幼儿配方食品生产企业应当将食品原料、食品添加剂、产品配方及标签等事项向省、自治区、直辖市人民政府食品药品监督管理部门备案。

婴幼儿配方乳粉的产品配方应当经国务院食品药品监督管理部门注册。注册时，应当提交配方研发报告和其他表明配方科学性、安全性的材料。

不得以分装方式生产婴幼儿配方乳粉，同一企业不得用同一配方生产不同品牌的婴幼儿配方乳粉。

（二）《乳品质量安全监督管理条例》

第六条　生鲜乳和乳制品应当符合乳品质量安全国家标准。乳品质量安全国家标准由国务院卫生主管部门组织制定，并根据风险监测和风险评估的结果及时组织修订。

乳品质量安全国家标准应当包括乳品中的致病性微生物、农药残留、兽药残留、重金属以及其他危害人体健康物质的限量规定，乳品生产经营过程的卫生要求，通用的乳品检验方法与规程，与乳品安全有关的质量要求，以及其他需要制定为乳品质量安全国家标准的内容。

制定婴幼儿奶粉的质量安全国家标准应当充分考虑婴幼儿身体特点和生长发育需要，保证婴幼儿生长发育所需的营养成分。

国务院卫生主管部门应当根据疾病信息和监督管理部门的监督管理信息等，对发现添加或者可能添加到乳品中的非食品用化学物质和其他可能危害人体健康的物质，立即组织进行风险评估，采取相应的监测、检测和监督措施。

第七条 禁止在生鲜乳生产、收购、贮存、运输、销售过程中添加任何物质。

禁止在乳制品生产过程中添加非食品用化学物质或者其他可能危害人体健康的物质。

第三十二条 生产乳制品使用的生鲜乳、辅料、添加剂等，应当符合法律、行政法规的规定和乳品质量安全国家标准。

生产的乳制品应当经过巴氏杀菌、高温杀菌、超高温杀菌或者其他有效方式杀菌。

生产发酵乳制品的菌种应当纯良、无害，定期鉴定，防止杂菌污染。

生产婴幼儿奶粉应当保证婴幼儿生长发育所需的营养成分，不得添加任何可能危害婴幼儿身体健康和生长发育的物质。

第三十四条 出厂的乳制品应当符合乳品质量安全国家标准。

乳制品生产企业应当对出厂的乳制品逐批检验，并保存检验报告，留取样品。检验内容应当包括乳制品的感官指标、理化指标、卫生指标和乳制品中使用的添加剂、稳定剂以及酸奶中使用的菌种等；婴幼儿奶粉在出厂前还应当检测营养成分。对检验合格的乳制品应当标识检验合格证号；检验不合格的不得出厂。检验报告应当保存二年。

第四十二条 对不符合乳品质量安全国家标准、存在危害人体健康和生命安全或者可能危害婴幼儿身体健康和生长发育的乳制品，销售者应当立即停止销售，追回已经售出的乳制品，并记录追回情况。

乳制品销售者自行发现其销售的乳制品有前款规定情况的，还应当立即报告所在地工商行政管理等有关部门，通知乳制品生产企业。

中国液晶面板垄断协议案例研究

引 言

2013 年 1 月 4 日，国家发改委价格监督检查与反垄断局宣布，韩国三星、LG，中国台湾地区奇美、友达等 6 家大型面板生产商，因在中国大陆垄断液晶面板价格，遭到国家发改委经济制裁 3.53 亿元人民币。该案件经国家发改委反垄断工作部门从 2006 年开始调查，历时六年，台湾友达先主动向有关部门报告价格垄断过程，LG、台湾奇美等企业随后也到发改委提交了自认报告，最终经过一系列工作，中国液晶面板反垄断案宣告结束。❶这张罚单成为中国政府对境外企业价格垄断开出的首张罚单，也是一张"迟到"的罚单。

一、案情详述

（一）案件调查

2006 年 12 月在收到中国电子视像行业协会和国内主要彩电企业的举报材料后，国家发展与改革委员会（以下简称国家发改委）随即展开调查，但起初进展并不顺利。

2008 年，《中华人民共和国反垄断法》（简称《反垄断法》）开始施行，国家发改委反垄断工作部门由原来的一个处室增加到三个，执法力量

---

❶ 徐庆：《论反垄断法中的宽恕标记制度》，安徽大学硕士学位论文，2016 年。

逐渐增强。❶

2011 年底，国家发改委反垄断工作部门共派出 55 个调查组，近 500 人次，对案件开展密集调查。国内彩电企业也开始积极提供证据。

在国家发改委调查的重压之下，已在美、欧遭受重罚的台湾友达公司率先松动，主动到国家发改委报告了其 2001 年到 2006 年和其他 5 家液晶面板企业一起参与价格垄断的行为。案件自此取得重大突破。LG、台湾奇美等企业随后也到国家发改委提交了自认报告。

2012 年底，完成收集线索、外围摸底、调查取证、数据对比、经济分析、固定证据、接受自认、案件审理、实施处罚等一系列工作后，这起历时 6 年的涉外反垄断调查宣告收官。

（二）调查结果

韩国三星、LG，中国台湾地区奇美、友达、中华映管、瀚宇彩晶 6 家企业在 2001 年至 2006 年，利用优势地位，合谋操纵液晶面板价格，在中国大陆实施价格垄断行为，涉案液晶面板销售数量合计 514.62 万片，其中，三星 82.65 万片，LG192.70 万片，奇美 156.89 万片，友达 54.94 万片，中华映管 27.06 万片，瀚宇彩晶 0.38 万片，违法所得 2.08 亿元。

2013 年 1 月 4 日，国家发改委价格监督检查与反垄断工作部门宣布，韩国三星、LG，中国台湾地区奇美、友达等 6 家大型面板生产商，因在中国大陆垄断液晶面板价格，遭到国家发改委经济制裁 3.53 亿元人民币。中国液晶面板反垄断案宣告结束。

此外，前述涉案企业还做出如下承诺：一是今后将严格遵守中国法律，自觉维护市场竞争秩序，保护其他经营者和消费者合法权益；二是尽最大努力向中国彩电企业公平供货，向所有客户提供同等的高端产品、新技术产品采购机会；三是对中国彩电企业内销电视机提供的面板无偿保修服务期限由 18 个月延长到 36 个月。据估算，此项承诺可以给中国彩电企业每年节约成本 3.95 亿元人民币。❷

---

❶ 余骈：《面板进口局面未有缓解中国反垄断调查还将延续》，载《IT 时代周刊》2013 年第 3 期，第 60—61 页。

❷ 锡士：《3.53 亿罚款与彩电业之痛》，载《上海经济》2013 年第 3 期，第 70—71 页。

二、关键法律问题的提出

1. 本案当事人行为性质的分析
2. 本案件的法律适用问题
3. 中美对同一案件处罚的对比
4. 反垄断法宽恕制度的法律规定分析

三、案例分析研究

（一）本案当事人行为性质的分析

据案情介绍，"2001 年至 2006 年六年时间里，三星、LG、奇美、友达、中华映管和瀚宇彩晶 6 家企业，在中国台湾地区和韩国共召开 53 次'晶体会议'，会议轮流承办，基本每月召开一次，主要内容是交换液晶面板市场信息，协商液晶面板价格。在中国大陆境内销售液晶面板时，涉案企业依据晶体会议协商的价格或互相交换的有关信息，操纵市场价格"。涉案企业通过协商价格和互相交换有关信息的方式，进而实现对市场价格的控制，这种方式是典型的价格卡特尔。价格卡特尔是指两个或两个以上具有竞争关系的经营者为牟取超额利润，以合同、协议或其他方式，共同商定商品或服务价格，从而限制市场竞争的一种垄断联合，我国相关法律明确予以禁止。❶

我国 2008 年施行的《反垄断法》第 13 条第 1 款明确规定禁止具有竞争关系的经营者达成固定或者变更商品价格的垄断协议；第 46 条规定：经营者违反本法规定，达成并实施垄断协议的，由反垄断执法机构责令停止违法行为，没收违法所得，并处上一年度销售额百分之一以上百分之十以下的罚款。本案中的涉案企业通过"晶体会议"达成一致的价格协议的行为应当属于《反垄断法》中认定的违法垄断行为。

---

❶ 张博：《价格卡特尔法律规制的比较研究——以 LCD 面板案为例》，南京师范大学硕士学位论文，2013 年。

（二）本案件的法律适用问题

本案涉及的价格垄断行为发生在 2001—2006 年，但由于当时我国《反垄断法》尚未颁布施行，按照法律不溯及既往，以及在新旧法间遵从旧兼从轻的原则，不能按照《反垄断法》的规定予以处罚。

有关价格的违法行为，在我国其他法律规制中也有调整。在我国 1997 年颁布的《中华人民共和国价格法》（以下简称《价格法》）第 14 条第 1 款明确规定禁止经营者"相互串通，操纵市场价格，损害其他经营者或者消费者的合法权益"的行为。在《反垄断法》颁布实施前，这是我国禁止价格垄断的主要法律条款。该条款包含"相互串通，操纵市场价格"的行为要件，以及"损害其他经营者或者消费者的合法权益"的损害结果要件。2001—2006 年，液晶面板价格垄断案中 6 家涉案企业在我国境内销售液晶面板时，依据"晶体会议"协商的价格或互相交换的信息，保持销售价格的高度一致，操纵了液晶面板市场价格，构成违反该条款的行为要件。据统计，面板成本占彩电生产成本的 80% 左右，涉案企业的价格垄断行为直接推高了国内彩电企业的生产成本，进而推高了彩电的终端销售价格，损害了国内彩电生产企业和消费者的合法权益，构成了违反该条款的损害结果要件。据此国家发改委依据《价格法》对此案进行了定性处罚。

（三）中美对同一案件处罚的对比

1. 美国对该案的处罚过程及结果

由于三星、LG 等液晶面板生产企业在 2001—2006 年的价格卡特尔行为是在国际范围内实施的，美国也对参与价格卡特尔联盟的面板企业实施了惩罚。美国对同一违法事实的处罚过程及结果如下：

2006 年，美国司法部接到戴尔、苹果、惠普等公司对友达、华映、奇美、夏普、三星、LG、日立、爱普生 8 家亚洲面板企业价格垄断行为的控告。接到报案后，美国司法部先后对其 8 家被举报液晶面板厂商发起反垄断调查。三星意识到可能遭遇美国司法部重罚，率先转为污点证人并被豁免罚款和刑责，夏普、LG、日立、华映、奇美、爱普生和彩晶先后与美国司法部达成和解，接受美国司法部的处罚。由于友达并未认罪也未和美国司法部达成和解，美国司法部于 2010 年起诉友达及其 6 名高管，2012 年 9 月，友达败诉，被判处罚款 5 亿美元，远高于其他涉案企业的罚款，企业

两名高管被判入狱 3 年。❶

依据美国法律，受价格垄断行为伤害的美国厂商和消费者既可以集体诉讼，也可以单独要求赔偿。此后，AT&T、诺基亚分别在 2009 年 10 月、11 月控告 LG、三星等液晶面板厂商。2010 年 8 月起，美国纽约州、伊利诺伊州等地区消费者也对液晶面板厂商的价格垄断行为提起诉讼。2011 年 12 月，除友达之外的液晶面板厂家同意支付 9.26 亿美元给美国消费者作为赔偿金。❷

2. 中美之间差异原因分析

第一，适用法律的差别。美国对液晶面板垄断案的处罚是依据其本国的《反垄断法》进行的，罚款标准是涉案企业前一年度销售额 1% 之上，10% 以下的罚款，罚款金额较大。由于我国在 2008 年才施行《反垄断法》，考虑到法律不溯及既往，以及新旧法间从旧兼从轻的原则，国家发改委对本案只能依据《价格法》来处罚相关企业。我国对该案件处罚所依据的《价格法》第 40 条规定，对相互串通、操纵市场价格行为的企业"责令改正，没收违法所得，可以并处违法所得五倍以下的罚款"。中美之间的法律规定差异是造成处罚金额差异较大的主要原因。而我国 2008 年施行的《反垄断法》，其第 46 条规定：经营者违反本法规定，达成并实施垄断协议的，由反垄断执法机构责令停止违法行为，没收违法所得，并处上一年度销售额百分之一以上百分之十以下的罚款；尚未实施所达成的垄断协议的，可以处五十万元以下的罚款。从处罚的力度来看，与《价格法》相比，得到了提高，由违法所得转变为上一年度销售额，这不仅与国际接轨，同时将处罚力度大大提高，有利于保护我国消费者利益。

第二，处罚力度的差别。美国对涉案企业的处罚方式既包括刑事诉讼，又包括民事诉讼。刑事诉讼方面，美国司法部既有对企业的罚款，又有对涉案企业高管的处罚；民事诉讼阶段则有美国下游企业对液晶面板企业的起诉以及美国各州消费者对涉案企业的集体诉讼。和美国相比，我国对液晶面板垄断案涉案企业的处罚力度相对较轻，处罚方式及违法者承担的责任比较单一，主要承担经济上的惩罚，很少包括刑事处罚。这也容易

---

❶ 王敏、葛莹歆：《台湾液晶面板商的风雨十年》，载《海峡科技与产业》2015 年第 4 期，第 76—79 页。

❷ 张博：《价格卡特尔法律规制的比较研究——以 LCD 面板案为例》，南京师范大学硕士学位论文，2013 年。

产生一个问题，违法成本比较低，不能够有效地防止类似事件的发生，同时也不能起到更好的警示作用。

第三，对消费者保护的差异。美国的反垄断实践在注意维持市场有效竞争的同时，也注意补偿消费者群体受垄断损害的利益。在美国，2011年，除友达之外的液晶面板垄断案涉案企业先后支付了共 9.26 亿美元和解金给美国面板消费者，消费者通过集体诉讼使得自己受垄断损害的利益得到了补偿。我国对液晶面板垄断案的处罚中对消费者利益的保护和补偿主要体现在涉案企业的承诺中，包括其承诺在未来保护消费者利益以及无偿延长保修服务期限。事实上，由于垄断行为实施时间较为久远，对消费者利益的补偿较为困难，加强对消费者长期利益的保护更有利于实现企业和消费者直接的双赢局面。

（四）反垄断法宽恕制度的法律规定分析

在本次的经济制裁中，国家发改委对友达公司只是没收其在中国液晶面板市场中的违法所得，并没有对它进行相应的罚款，原因就在于在发改委调查的重压之下，已在美、欧遭受重罚的台湾友达公司主动到国家发改委报告了其 2001 年到 2006 年和其他 5 家液晶面板企业一起参与价格垄断的行为，案件自此取得重大突破。这体现了我国反垄断法的宽恕制度。

卡特尔行为是反竞争的行为，卡特尔行为的隐秘性，以及反垄断执法机关执法资源的有效性，使得反垄断执法机关的执法效果一直不佳。为了解决这一问题，美国于 1978 年制定的宽恕政策引入宽恕制度。但真正对宽恕制度起重要作用的是美国 1993 年《公司宽恕政策》和 1994 年《个人宽恕政策》的颁布和实施。美国引入宽恕制度，以较低的成本打击卡特尔见效后，欧盟、日本、韩国等国家纷纷效仿，我国也不例外，在《反垄断法》中引入宽恕制度。❶ 我国《反垄断法》第 46 条第 2 款规定：经营者主动向反垄断执法机构报告达成垄断协议的有关情况并提供重要证据的，反垄断执法机构可以酌情减轻或者免除对该经营者的处罚。这一宽恕制度的规定，弥补之前打击卡特尔的法律缺位，但是责任减免机制不够健全。在责任减免的机制上，我国的宽恕制度只做了原则性的规定，并没有引入"自动豁免机制"或者"减轻豁免机制"，而是仅仅规定"可以酌情减轻或者免除对该

---

❶ 叶玲：《从"液晶卡特尔事件"审视我国反垄断宽恕制度》，西南政法大学硕士学位论文，2010 年。

经营者的处罚"。这种情况会影响宽恕制度发挥其有效作用。甚至会导致卡特尔成员之间互相观望，抱有侥幸心里，最终导致执法成本的提高。❶

严厉的惩罚措施，有利于宽恕制度的推行。一般来说，卡特尔行为被揭发时，卡特尔成员面临着刑事制裁、民事制裁、行政制裁，这三项制裁的力度普遍提高，是各国立法的趋势。然而我国《反垄断法》仅对串通投标行为规定刑事责任，在刑事制裁上，针对卡特尔行为并未具体规定，在很大程度上弱化了宽恕制度的功效；在民事制裁上，我国《反垄断法》第50条规定："经营者实施垄断行为，给他人造成损失的，依法承担民事责任。"这种简明扼要的实体规定，仅仅是赋予受害者获得反垄断损害赔偿权利，至于如何来维护这项权利，却没有具体详细的规定来做支撑，很难得以施行。而且也没有将反垄断法民事责任与一般的民事责任区分开来。相较于美国的"三倍民事赔偿制度"，我国的民事赔偿无关痛痒，并未能调动卡特尔成员"告密"的积极性，我国《反垄断法》对卡特尔成员追究责任的形式简单和处罚数额偏低，减损了法律威慑效应。❷

四、案例启示

（一）加大对跨国反垄断行为的执法力度

国际上利用反垄断法对跨国垄断行为进行处罚的基本上都是欧美等发达国家，很多发展中国家由于反垄断法制不健全和反垄断力量不足而难以监管跨国垄断行为。对液晶面板企业跨国垄断行为的处罚标志着我国具备反跨国垄断行为的能力。因此，借鉴中外对液晶面板案的调查经验，我国应继续加大对跨国反垄断行为的执法力度，维护我国市场的公平竞争秩序和消费者利益，营造良好的商业环境。

（二）健全反垄断案件中消费者利益的补偿机制

垄断案件中最终受害者往往是消费者。通过国际比较发现，美国和欧盟在处理垄断案件时对消费者利益的补偿和保护机制较为多元。我国反垄断法对于消费者利益保护和补偿机制还有待完善。在今后的反垄断实践

---

❶ 王泊涵：《完善我国反垄断法宽恕制度的思考》，载《法制博览》2016年第19期，第226—227页。

❷ 李美丽：《浅析我国反垄断法宽恕制度的现状及其完善》，载《法制博览》2013年第2期，第177—178页。

中，我们应进一步健全消费者反垄断法保护制度，鼓励和支持消费者对垄断企业的私人诉讼。

（三）不断发展和完善我国反垄断法的宽恕制度

宽恕制度是从内部瓦解和分裂卡特尔的一项有效方法，是现代竞争法的一项基本制度。它具有降低执法成本、有效查处案件的功能。他国反垄断执法经验表明，宽恕制度是打击卡特尔的最有力工具。这就需要我们在借鉴他国宽恕制度立法和执法经验基础上，逐步完善：首先，健全宽恕制度的实施规则。这需要细化宽恕制度的实体条件、完善宽恕制度的程序和建立宽恕制度的配套制度；其次，营造宽恕制度的执法环境。这主要包括浓厚竞争文化、建立统一有效的执法机构和加大执法力度。

五、相关法律法规

（一）《中华人民共和国价格法》

第七条 经营者定价，应当遵循公平、合法和诚实信用的原则。

第十四条 经营者不得有下列不正当价格行为：

（一）相互串通，操纵市场价格，损害其他经营者或者消费者的合法权益；

（二）在依法降价处理鲜活商品、季节性商品、积压商品等商品外，为了排挤竞争对手或者独占市场，以低于成本的价格倾销，扰乱正常的生产经营秩序，损害国家利益或者其他经营者的合法权益；

（三）捏造、散布涨价信息，哄抬价格，推动商品价格过高上涨的；

（四）利用虚假的或者使人误解的价格手段，诱骗消费者或者其他经营者与其进行交易；

（五）提供相同商品或者服务，对具有同等交易条件的其他经营者实行价格歧视；

（六）采取抬高等级或者压低等级等手段收购、销售商品或者提供服务，变相提高或者压低价格；

（七）违反法律、法规的规定牟取暴利；

（八）法律、行政法规禁止的其他不正当价格行为。

第四十条 经营者有本法第十四条所列行为之一的，责令改正，没收违法所得，可以并处违法所得五倍以下的罚款；没有违法所得的，予以警告，可以并处罚款；情节严重的，责令停业整顿，或者由工商行政管理机关吊销营业执照。有关法律对本法第十四条所列行为的处罚及处罚机关另有规定的，可以依照有关法律的规定执行。

有本法第十四条第（一）项、第（二）项所列行为，属于是全国性的，由国务院价格主管部门认定；属于是省及省以下区域性的，由省、自治区、直辖市人民政府价格主管部门认定。

（二）《中华人民共和国反垄断法》

第十三条 禁止具有竞争关系的经营者达成下列垄断协议：

（一）固定或者变更商品价格；

（二）限制商品的生产数量或者销售数量；

（三）分割销售市场或者原材料采购市场；

（四）限制购买新技术、新设备或者限制开发新技术、新产品；

（五）联合抵制交易；

（六）国务院反垄断执法机构认定的其他垄断协议。

本法所称垄断协议，是指排除、限制竞争的协议、决定或者其他协同行为。

第三十九条 反垄断执法机构调查涉嫌垄断行为，可以采取下列措施：

（一）进入被调查的经营者的营业场所或者其他有关场所进行检查；

（二）询问被调查的经营者、利害关系人或者其他有关单位或者个人，要求其说明有关情况；

（三）查阅、复制被调查的经营者、利害关系人或者其他有关单位或者个人的有关单证、协议、会计账簿、业务函电、电子数据等文件、资料；

（四）查封、扣押相关证据；

（五）查询经营者的银行账户。

采取前款规定的措施，应当向反垄断执法机构主要负责人书面报告，并经批准。

第四十六条 经营者违反本法规定，达成并实施垄断协议的，由反垄断执法机构责令停止违法行为，没收违法所得，并处上一年度销售额百分之一以上百分之十以下的罚款；尚未实施所达成的垄断协议的，可以处五十万元以下的罚款。

经营者主动向反垄断执法机构报告达成垄断协议的有关情况并提供重要证据的，反垄断执法机构可以酌情减轻或者免除对该经营者的处罚。

格力经销商限定最低转售价格案例研究

引 言

近几年限定最低转售价格协议在许多行业都十分常见，以家电行业为例，限制最低转售价格协议已渐渐成为分销商获得品牌经营授权的普遍要求。一方面，经营者限定最低转售价格有利于其控制产品下游竞争，准确实现市场定位；另一方面，也有可能产生排除、限制竞争的效果。本文通过介绍格力分销商诉格力公司要求签订具有最低限价条款的三方协议一案，来讨论对限制最低转售价格协议认定的原则及案件所涉及的相关法律问题。

一、案情详述

1999 年东莞市横沥国昌电器商店（以下简称"国昌电器商店"）与合时电器有限公司（格力空调批发商，以下简称"合时公司"）合作销售格力空调，2011 年 6 月 9 日在晟世欣兴格力有限公司（以下简称"格力公司"）的协调下，国昌电器商店签订了《东莞地区格力电器家用空调销售三方协议》（以下简称"三方协议"）并交纳了诚意金❶15000 元和格力样机押金 2000 元，从而取得了经销格力空调的资格，销售期间为 2011 年 8 月 1 日至 2013 年 7 月 31 日。

2013 年 3 月，国昌电器商店在销售格力空调时违反了格力公司的最低限价，格力公司为此取消了其在 2014 年年度格力空调销售奖励的三台格力

---

❶ 三方协议中对诚意金的维持及退返问题进行了明确约定，但是诚意金的法律性质在学术界一直存有争议。诚意金是 20 世纪 90 年代从中国香港地区传过来的自创的商业用语，多出现在商品房销售中。诚意金不同于法律意义上的定金、订金、违约金，至今在法律上尚未得到承认。

变频空调（价值约 15000 元），并按照三方协议的约定在其诚信押金里直接扣除 13000 元的罚款。

2015 年 4 月国昌电器商店向合时公司提出退回其曾交纳的诚意金 15000 元和格力样机押金 2000 元但遭到拒绝。国昌电器商店便以格力公司的垄断行为对其经营造成实际损害为由，将合时公司和格力公司作为共同被告诉至广州市知识产权法院，诉请合时公司退还诚意押金和格力样机押金、并退还其 1999 年至 2015 年格力空调 6 年保修期内维修服务费 1344000 元；诉请格力公司赔偿 2011 年至 2015 年因格力公司的违法操纵导致其无法正常经营销售直接损失 350 万元。2016 年 8 月 30 日，广州市知识产权法院对此案做出了一审判决，驳回了原告即国昌电器商店的全部诉讼请求。❶

二、关键法律问题的提出

1. 垄断行为的适用原则
2. 三方协议是否具有垄断性
3. 法院受理案件的依据
4. 诉讼时效问题

三、案例分析研究

（一）垄断行为的适用原则

限制最低转售价格又称最低限价，是经营者维持转售价格的一种重要形式，即上游制造商限制下游经销商对消费者的最终产品价格以控制下游竞争。我国《反垄断法》第 14 条和第 15 条对限定最低转售价格进行了规制，因文意理解不同，学术界对于最低转售价格协议究竟该适用哪一认定原则产生了不同：一种观点认为因《反垄断法》第 14 条对限定最低转售价格协议进行了明确的禁止，应适用本身违法原则。另一种观点认为《反垄断法》第 15 条对垄断协议的定义同样适用于第 14 条，因此，原告除了

---

❶ 广州市知识产权法院民事判决书（2015）粤知法商民初字第 33 号。

举证证明协议的存在之外，还需证明协议符合"垄断协议"的定义，即协议具有"排除、限制竞争"的效果；❶ 并且随着社会经济的发展，限制最低转售价格的情况已普遍存在于不少行业，《反垄断法》第 15 条也列出了七种豁免情形，因此限定最低转售价格协议应适用合理原则。

在本案中，广州市知识产权法院在认定垄断行为时采用了第二种观点。法院对于原告和两被告签订的三方协议以及相关证据予以认可，确认了被告格力公司在东莞市实施了限定原告等交易相对人向消费者出售格力品牌电器最低价格的行为，但由于法院对于此行为没有适用本身违法原则，而是适用合理原则，这就需要原告国昌电器商店对该三方协议具有排除、限制竞争的效果负举证责任。但原告国昌电器商店对此并没能做出实质性举证，而是被告格力公司对三方协议不具有排除、限制竞争的效果进行了举证。最终法院采取了被告格力公司的辩护意见，判定该三方协议不具有排除、限制竞争的效果。

（二）三方协议是否具有垄断性

对于垄断协议的界定主要是根据《反垄断法》第 13 条第 2 款规定："本法所称的垄断协议，是指排除、限制竞争的协议、决定或者其他协同行为。"《反垄断法》第 14 条也禁止了两种形式的纵向垄断价格协议，其中就包括经营者与交易相对人达成限定向第三人转售商品的最低价格的垄断协议。

广州市知识产权法院对于限定最低转售价格协议没有适用本身违法原则，而是采用了合理原则，这两个原则在诉讼中举证责任的分配上截然不同。适用本身违法原则只需要原告证明有垄断协议存在的实施，具体不需要举证是否产生排除限制竞争的效果，而举证责任则在被告需要证明此协议不具有排除限制竞争的效果。与本身违法原则在适用上具有明确、简便的特点相比，合理原则的适用需要原告承担谁主张谁举证的责任，这一举证责任分配显然是不利于原告，增加了原告的举证责任。

在本案的一审判决中，广州市知识产权法院认为格力公司要求其他经营者签订最低转售价格协议不具有排除限制、排除竞争的效果，因此不属

---

❶　胡光志、黄秋娜、范卫红：《我国〈反垄断法〉转售价格维持协议规制原则的时代选择——从自身违法到合理原则的转变》，载《上海财经大学学报（哲学社会科学版）》2015 年第 4 期，第 93—100 页。

于垄断行为，具体理由如下：一是空调市场品牌多样，市场竞争充分，格力品牌在东莞地区并未占据绝对优势的份额，不足以形成市场支配地位。二是格力公司虽然对其他经营者对其品牌空调的销售限定最低销售价格，但消费者完全可以替代选择其他同类品牌。并且被告格力公司限定其品牌每一款空调产品区域内最低销售价格的行为也许限制了众多如原告的经销商之间在同一空调品牌内部的价格竞争，但原告与其他经销商仍然可以在售前宣传、售中促销和售后服务等多方面参与竞争。换言之，即便面对同一空调品牌，消费者也仍存有选择的空间。三是在产业链上，无证据显示空调产品关联产业的竞争关系会因格力空调的销售限价而有所影响。

在司法实践中，法院对限制最低转售价格实施反垄断干预要求限制转售价格行为必须明显产生了难以克服、难以抵销的排除或限制竞争的效果，而主要的考虑因素包括相关市场是否竞争充分、被告市场地位是否强大、被告维持市场转售价格的动机以及维持转售价格的实际效果。广州市知识产权法院对于三方协议的垄断性认定主要立足于格力公司在东莞地区的市场地位、竞争方式多样以及对产业链竞争关系有无影响，判断依据主要是由被告格力公司提供的《中国空调市场回顾与展望：格力美的份额过半》、深圳市国美电器有限公司东莞市分公司关于格力家用空调在知名家电零售企业国美电器东莞地区的销售占比不足四分之一的《说明》、2012年至2015年东莞格力"万人空巷抢格力"活动广告等证据。但《中国空调市场回顾与展望：格力美的份额过半》所调查的市场范围是全国空调市场，而本案中的相关市场应为东莞地区空调市场，而相关地域市场是确定相关市场的重要因素，相关地域市场过于扩大化将对经营者市场地位的认定造成重大影响。格力公司作为市场经营者，促销、降价等商业活动是市场竞争中的常用手段，仅从促销降价的活动说明而非专业系统的市场调研报告等就判断该经营者没有市场优势地位，显然缺乏说服力。

（三）法院受理案件的依据

知识产权法院将垄断纠纷与各种不正当竞争纠纷统一纳入知识产权纠纷范围，是因为反垄断法与制止知识产权滥用行为和保护知识产权紧密相关。《最高人民法院关于审理因垄断行为引发的民事纠纷案件应用法律若干问题的规定》第1条规定：因垄断行为受到损失以及因合同内容、行业协会的章程等违反反垄断法而发生争议的自然人、法人或者其他组织，有权向人民法院提起民事诉讼。广州市知识产权法院也是根据此条规定，对此案进行了审理。并依据《反垄断法》第 11 条之规定，认定三方协议不具有排除、限制竞争的效果，格力公司不构成垄断行为。

《最高人民法院关于审理因垄断行为引发的民事纠纷案件应用法律若干问题的规定》第 1 条只是说明法院可以审理既定的垄断行为对市场某一主体造成了实际损害的案件，并未赋予法院判定某一市场行为是否为垄断行为的权力。在本案中，对于原告诉状中所控告的关于被告格力公司要求签订三方协议的这一市场行为是否为我国《反垄断法》所规定的垄断行为尚未确定，广州市知识产权法院在这种情况下对此案进行立案审理并作出了一审判决，且认定格力公司被控的垄断行为并非垄断行为，原告国昌电器商店对于格力公司的赔偿请求也就失去了依据。广州市知识产权法院仅依据上述规定对三方协议是否构成垄断协议进行了判定，明显已超出该条规定的赋权范围。

（四）诉讼时效问题

在案件审理过程中，两被告均提出原告的诉讼请求已明显超出诉讼时效，但广州市知识产权法院对诉讼时效问题并未作出判定。广州市知识产权法院认为原告与两被告因履行三方协议过程中或解除合作关系后发生的纠纷，如被告合时公司未退还原告已交纳款项、合时公司与国昌电器商店合作期间所发生的保修期维修服务费纠纷等问题，不属于本案的审查范围。

原被告双方对于诉讼时效的争议主要是对于 2013 年 3 月国昌电器商店因违反三方协议以低于格力公司限定的最低限价为由对其进行惩罚一事，格力公司与合时公司是否对其进行了及时告知。如果原告请求被罚款的13000 元应当退还，就必须证明该三方协议的违法性，否则应当按照普通合同纠纷进行审理。如果按照普通合同纠纷案件进行审理：原告国昌电器商店称其于 2015 年 4 月才得知诚意金被扣除 13000 元，而被告合时公司称其与 2013 年 3 月 27 日就已将罚款单传真给被告。但是，这一情况并不能适用《民法通则》第 137 条，即诉讼时效期间从知道或者应当知道权利被侵害时起计算。因为原告因违反三方协议受到格力公司罚款一事并非属于权利被侵害，而属于具体违反了协议规定。所以对于被扣除的 13000 元诚意金的诉讼时效应当从 2013 年 3 月算起，这显然已超出两年的诉讼时效期间。

对于原告诉请被告合时公司返还剩余押金及维修服务费的问题，由于1999 年至 2015 年原告与合时公司一直存在合作关系，于 2015 年 4 月两者对此类事项发生了纠纷，因此诉讼时效期间应当从 2015 年 4 月起，这显然没有超出两年的诉讼时效期间。

四、案例启示

（一）举证责任问题

著名的研究举证责任的学者罗森贝克曾说过："证明责任的负担就是败诉的一半。"我国的《民事诉讼法》第 64 条确定了"谁主张谁举证"这一原则，但在关于垄断协议的举证责任上法律并没有特别明确的规定，特别是对于纵向垄断协议。在民事诉讼中，举证责任是由案件的性质所决定的，当案件的性质确定之后，举证责任即被确定。《最高人民法院关于审理因垄断行为引发的民事纠纷案件应用法律若干问题的规定》第 7 条中规定了在横向垄断的案件中应适用举证责任倒置原则，即需要由被告来证明该协议不具有垄断效果，但此司法解释中却未对纵向垄断协议有明文的规定。因此在该案审判时，法院以法律、法规或司法解释没有明确规定为由，判定本案仍应当遵循"谁主张谁举证"的原则由原告承担证明该最低转售价格协议具有排除、限制竞争效果的责任。

虽然在反垄断的诉讼之中，在民法意义上原告和被告在地位上仍然属于平等主体，但实际上他们承担的义务是不同的。根据法律经济学的有限理性假设和不完全信息假设可知，经济人会根据成本节约和合理的原则去收集以及运用信息，同时人们也并不拥有完全的信息，信息在传播或是接收上都是需要花费代价的，这也意味着要付出高昂的成本，信息劣势者通常得做出对自己不利的选择。因此可看出原告在举证中的难度是十分大的，一方面是由于上述的信息不对称，另一方面是证明垄断需要专业的经济专家、收集大量数据等，会造成高额的举证成本。这也是为何自《反垄断法》实施以来原告多败诉的原因之一。

根据违法性适用的不同原则，在举证责任方面也应该有所不同。在适用本身违法原则时，原告只须来证明协议中存在限制转售价格的条款，而此时法院即会根据情况推定该做法是否属于垄断，一经确定则被告的行为属于违法行为。而如果在法律中存在例外豁免的条款，如我国《反垄断法》第 15 条，此时则举证责任倒置，被告可以根据相应条款来证明是否能获得豁免，如该协议能提高经营效率、不会严重限制相关市场的竞争、能使消费者获得效益等。当适用合理原则时，此时应该如同民事损害赔偿案件的处理方式，依然由原告来承担举证责任，当然此时对于原告来说诉讼成本是巨大的。其实举证责任的分配就如同一个双方博弈的过程，对弈的次序和对弈者各自掌握的信息、采取的策略是关乎博弈结果的关键，而策略成本和信息成本也是交易成本的核心。

（二）"最低限价"模式之展望

美国对于限定最低转售价格协议之垄断行为认定原则主要经历了两个阶段。1911 年在 Dr Miles 案中，法院基于禁止对处分权的一般限制和公共利益考量，认定原告的转售价格维持行为违反了《谢尔曼法》，即确定了本身违法原则。但由于本身违法原则的僵化性，法院基于基本理论创设出 Colgate 规则❶和 GE 规则❷这两项例外，而 2007 年 Leegin 案中，最高法院认可了经济学上对转售价格维持行为的利弊分析，转而对其适用合理原则。

我国对于限定最低转售价格协议之垄断行为认定原则在学术界一直存在争议，但从司法实践来看，早期判例显示法院认定限定最低转售价格协议并非当然违法，即否认适用本身违法原则。法院之所以不适用本身违法原则是基于对经济效益以及商业经营模式多样化趋势的考量，适用合理原则既符合经济发展要求和国际化趋势，也有利于促进市场竞争自由化和经营模式的创新。

五、相关法律法规

（一）《中华人民共和国反垄断法》

第十三条 禁止具有竞争关系的经营者达成下列垄断协议：

---

❶ 生产者可以宣称销售商低于某个价格转售其商品时他将拒绝继续供应商品，这是"自由地进行独立判断以确定交易对象的权利"。

❷ 根据代理法基本原则，制造商委托销售商销售商品并不属于转售商品，所以前者限定价格并无违法之处。

（一）固定或者变更商品价格；

（二）限制商品的生产数量或者销售数量；

（三）分割销售市场或者原材料采购市场；

（四）限制购买新技术、新设备或者限制开发新技术、新产品；

（五）联合抵制交易；

（六）国务院反垄断执法机构认定的其他垄断协议。

本法所称垄断协议，是指排除、限制竞争的协议、决定或者其他协同行为。

第十四条 禁止经营者与交易相对人达成下列垄断协议：

（一）固定向第三人转售商品的价格；

（二）限定向第三人转售商品的最低价格；

（三）国务院反垄断执法机构认定的其他垄断协议。

第十五条 经营者能够证明所达成的协议属于下列情形之一的，不适用本法第十三条、第十四条的规定：

（一）为改进技术、研究开发新产品的；

（二）为提高产品质量、降低成本、增进效率，统一产品规格、标准或者实行专业化分工的；

（三）为提高中小经营者经营效率，增强中小经营者竞争力的；

（四）为实现节约能源、保护环境、救灾救助等社会公共利益的；

（五）因经济不景气，为缓解销售量严重下降或者生产明显过剩的；

（六）为保障对外贸易和对外经济合作中的正当利益的；

（七）法律和国务院规定的其他情形。

属于前款第（一）项至第（五）项情形，不适用本法第十三条、第十四条规定的，经营者还应当证明所达成的协议不会严重限制相关市场的竞争，并且能够使消费者分享由此产生的利益。

第十八条 认定经营者具有市场支配地位，应当依据下列因素：

（一）该经营者在相关市场的市场份额，以及相关市场的竞争状况；

（二）该经营者控制销售市场或者原材料采购市场的能力；

（三）该经营者的财力和技术条件；

（四）其他经营者对该经营者在交易上的依赖程度；

（五）其他经营者进入相关市场的难易程度；

（六）与认定该经营者市场支配地位有关的其他因素。

第十九条 有下列情形之一的，可以推定经营者具有市场支配地位：

（一）一个经营者在相关市场的市场份额达到二分之一的；

（二）两个经营者在相关市场的市场份额合计达到三分之二的；

（三）三个经营者在相关市场的市场份额合计达到四分之三的。

有前款第（二）项、第（三）项规定的情形，其中有的经营者市场份额不足十分之一的，不应当推定该经营者具有市场支配地位。

被推定具有市场支配地位的经营者，有证据证明不具有市场支配地位的，不应当认定其具有市场支配地位。

（二）《中华人民共和国民法通则》

第一百三十五条 向人民法院请求保护民事权利的诉讼时效期间为二年，法律另有规定的除外。

第一百三十七条 诉讼时效期间从知道或者应当知道权利被侵害时起计算。但是，从权利被侵害之日起超过二十年的，人民法院不予保护。有特殊情况的，人民法院可以延长诉讼时效期间。

（三）《最高人民法院关于审理因垄断行为引发的民事纠纷案件应用法律若干问题的规定》

第一条 因垄断行为受到损失以及因合同内容、行业协会的章程等违反反垄断法而发生争议的自然人、法人或者其他组织，有权向人民法院提起的民事诉讼。

（四）《最高人民法院民事案件案由规定》

第五部分知识产权与竞争纠纷：十三、知识产权合同纠纷；十四、知识产权权属、侵权纠纷；十五、垄断纠纷。

锐邦公司诉强生公司限制
最低转售价格案例研究

引 言

2012 年 5 月宣判的"北京锐邦涌和科贸有限公司（以下简称锐邦公司）诉强生（中国）医疗器材有限公司案（以下简称强生公司)"是我国实施《反垄断法》以来，法院审理的首例纵向垄断协议民事诉讼案，作为创设性判决，法院在案件中阐明的法律思想，适用的基本逻辑思路备受关注。本案为纵向垄断的审判实践提供了宝贵经验，但判决中也存在一些值得商榷和有待回答的地方，如转售价格维持的适用原则等问题。但从总体来说，该案件对于我们有很大的借鉴和学习的意义。

一、案情详述

（一）事实概要

锐邦公司是被告强生（上海）医疗器材有限公司和强生公司在北京地区从事缝合器及缝线产品销售业务的经销商。2008 年 1 月 2 日，两被告与原告签订经销合同，规定原告在两被告指定的相关区域销售爱惜康缝线部门的产品，期限自 2008 年 1 月 1 日至 12 月 25 日。合同对原告的经销区域以及经销指标做出明确的规定，即"原告不得以低于被告规定的产品价格进行销售"。经销合同签订后，被告强生（上海）医疗器材有限公司分别于 2008 年 1 月 1 日、3 月 15 日、6 月 30 日向原告出具授权区域证明书，证明原告可以在包括人民医院在内的相关区域负责销售强生产品。

2008 年 7 月 1 日，被告强生（上海）医疗器材有限公司致函原告，以原告于 2008 年 3 月在人民医院的竞标中，私自降低销售价格，获取非授权区域的缝线经销权为由，扣除原告保证金人民币 2 万元，并取消原告在北京阜外医院、北京整形医院的销售权。2008 年 8 月 15 日，原告向被告强生（上海）医疗器材有限公司发出订单要求发货，但被告直至合同期满后，再也没有给原告发货。

原告认为被告以直接限制竞争为目的，在与原告签订的经销合同中以合同条款限定原告向第三人最低转售价格，被告还依据遵守指定价格水平的情况对原告采取警告、中止或者终止合同等间接方法，胁迫和威胁原告维持最低转售价格，同时，被告还采用"腾龙计划"进一步实施价格监督制度，达到更有效实施限定最低转售价格行为的目的。被告的上述行为构成了我国《反垄断法》第 14 条第 2 款所禁止的限定最低转售价格行为，被告实施垄断行为对原告造成了损害，依法应当承担民事赔偿责任。根据《反垄断法》第 3 条、第 14 条、第 50 条的规定，请求法院判令：被告赔偿原告经济损失人民币 1439.93 万元并承担本案全部诉讼费用。

2012 年 5 月 18 日，一审法院作出判决，认为锐邦公司举证不足，不能证明此案所涉限制最低转售价格协议造成了"排除、限制市场竞争"的危害，不能认定其构成反垄断法所规定的垄断协议，故判决驳回其诉请。

锐邦公司不服，于 2012 年 5 月 28 日提起上诉。上海市高级人民法院先后三次开庭审理，锐邦公司补充举证材料，最终于 2013 年 8 月 1 日作出终审宣判，认定强生公司的行为属于《反垄断法》禁止的垄断行为，应当对其垄断行为造成锐邦公司的经济损失承担赔偿责任。

（二）判决要旨

上海市第一中级人民法院判决：驳回原告北京锐邦涌和科贸有限公司全部诉讼请求。❶

法院认为根据《反垄断法》第 50 条规定，经营者实施垄断行为，给他人造成损失的，依法承担民事责任。根据该条规定，经营者承担实施垄断行为的民事责任，需要具备实施垄断行为、他人受损害、垄断行为与损害具有因果关系三个要件。综合全案证据来看，这三方面的事实均未能得到查明。

上海市高级人民法院于 2013 年 8 月 1 日二审判决：

---

❶ 上海市第一中级人民法院民事判决书（2010）沪一中民五（知）初字第 169 号。

一、撤销上海市第一中级人民法院（2010）沪一中民五（知）初字第169号民事判决；

二、被上诉人强生（上海）医疗器材有限公司、强生（中国）医疗器材有限公司应于本判决生效之日起十日内，共同赔偿上诉人北京锐邦涌和科贸有限公司经济损失人民币530000元；

三、驳回上诉人北京锐邦涌和科贸有限公司的其余诉讼请求。❶

法院认为本案《经销合同》中限制最低转售价格条款属于反垄断法所禁止的垄断协议，被上诉人制定该协议和按照该协议处罚上诉人锐邦公司的行为属违法行为，被上诉人应就本案垄断行为对上诉人锐邦公司造成的相应损失承担赔偿责任。

二、关键法律问题的提出

1. 本案法律关系及法律适用
2. 最低转售价格维持的违法性认定原则
3. 最低转售价格维持的认定原则对举证责任的影响

三、案例分析研究

（一）本案法律关系及法律适用

在锐邦诉强生案中，锐邦公司与强生公司签订了经销合同，由此构成双方的合同关系。在一般情况下，如果两者发生纠纷应该适用私法也即合同法调整，但是该经销合同约定的关于销售区域以及最低转售价格条款不仅仅影响到合同双方的利益，同时，亦对广大消费市场以及市场竞争自由秩序带来很大的影响，由此构成由反垄断法所调整的社会关系。反垄断法具有经济法属性，在立法宗旨上充分体现了个人利益与社会公共利益、个人本位与社会本位的双重立法思想和价值目标。它不仅调整经营者之间、经营者及消费者之间的利益关系，保护经营者、消费者的具体利益；更重要的是允许通过司法或行政手段规制垄断协议、滥用市场支配地位、经营者集中等限

---

❶ 上海市高级人民法院民事判决书（2012）沪高民三（知）终字第63号。

制竞争行为，实现其保护市场竞争自由秩序的价值目标。

我国《反垄断法》第 14 条有关纵向垄断协议规定，禁止经营者与交易相对人达成下列垄断协议：（1）固定向第三人转售商品的价格；（2）限定向第三人转售商品的最低价格；（3）国务院反垄断执法机构认定的其他垄断协议。锐邦诉强生案件涉及上述第（2）项，该协议又被称为限制最低转售价格协议。所谓"限制最低转售价格协议"，是指上游经营者（比如供货商）对下游经营者（如批发商）转售商品的最低价格作出规定，约定下游经营者不得低于规定价格出售产品的排除、限制竞争的协议。❶

在本案中，锐邦公司（原告）与强生公司（被告）签订经销合同，规定原告在两被告指定的相关区域销售爱惜康缝线部门的产品。合同中对原告的经销区域以及经销指标做出明确的规定；规定"原告不得以低于被告规定的产品价格进行销售"，这一规定明显地违反了我国《反垄断法》关于限定向第三人转售商品的最低价格的规定。限制低价转售价格协议妨碍了销售方互相间的价格竞争，影响竞争的优胜劣汰市场机制的发挥，它迫使消费者接受被固定的较高价格，损害消费者的利益。

（二）最低转售价格维持的违法性认定原则

反垄断法对于最低转售价格协议的规制最普遍的两种原则是本身违法原则和合理性原则。

1. 本身违法原则

由于大多数限制最低转售价格的行为存在获取垄断利润和限制竞争的动机且证据采集困难，立法机构通过立法形式确定限制最低转售价格协议的危害性。一旦存在限制最低转售价格协议且被实施，就可认定为违法，无须再证明其有严重限制、排除竞争的效果，这就是本身违法原则。

本身违法原则适用于最低转售价格维持的最早开创者是美国。1911 年美国联邦最高法院在 Dr. Miles Medical Co. v. John D. Park&Sons Co. 一案的审理中认为转售价格维持剥夺了公众在竞争中可能获得的各种收益，转售价格维持协议本质上是制造商协调的经销商之间的卡特尔，维持转售价格协议对制造商来讲是有利可图的，但是对于消费者来讲却是有害的，是

---

❶ 梁结喜：《限制最低转售价格协议合法界限问题——以强生垄断案为例》，载《湖北警官学院学报》2014 年第 5 期，第 140—142 页。

一种本身违法行为。在本身违法原则下，因为协议本身损害竞争的可能性很大而促进竞争的可能性很小，所以没必要花时间和费用对其后果进行专门调查。本身违法原则是各国沿用的传统认定原则。❶

2. 合理原则

随着社会经济发展，限制最低转售价格的情况在不少行业普遍存在，俨然成了一种"潜规则"。商家能利用该协议防止"搭便车"效应，维持特定产品，尤其是奢侈品的品牌形象。所谓"搭便车"效应，是指一些销售商为了吸引消费者，率先在售前服务方面（如广告宣传）进行投资，增加销售成本，结果另一些销售商搭他们的"便车"，销售同样的产品，再辅以比他们低廉的价格，诱使消费者转而向"搭便车"的销售商购买同样的商品，从而影响率先进行服务投资的销售商的业绩。正是为了解决"搭便车"的问题，上游制造商才会责令下游销售商遵守一定的最低转售价格，将所有的销售商在价格问题上的竞争转为各种售前（售后）服务方面的竞争，令他们放心地开展商品展示、功能解说、使用方法说明、广告宣传等活动，增加商品的总销售量。所以，基于以上合理理由，限制最低转售价格协议并非都是排除、限制竞争的。要判断该协议是否违反了《反垄断法》的规定，应当通过考察相关市场的竞争情况、经营者的市场地位等来估计该协议所产生的负面影响及积极效果，这就是合理性原则。美国联邦最高法院在 2007 年的 Leegin 案中推翻了自 Dr. Miles 案以来一直适用的本身违法原则，转为适用合理性原则，之后世界各国也纷纷采用这一原则。

3. "原则违法、例外豁免"原则

受经济学发展影响，虽然一些国家开始转变对最低转售价格维持的态度，但理论和实证研究并未能表明最低转售价格具有明显的促进竞争的效果，鉴于这种行为的复杂性，一些国家对最低转售价格维持依然采取了谨慎态度，采用了"原则违法、例外豁免"的立法原则，对转售价格维持行为原则上采取禁止态度，适用本身违法原则，但符合法律规定的情形时，可以豁免适用反垄断法。

日本反垄断法对转售价格维持行为采取"原则违法"。鉴于转售价格

---

❶ 符颖：《纵向垄断协议的诉讼资格及证明责任——"北京锐邦涌和科贸有限公司诉强生（中国）医疗器材有限公司案"评析》，中国知识产权研究网，2013 年 11 月 4 日。

维持在大多数的情况下会削弱市场竞争，减少社会福利，日本反垄断法对维持转售价格行为基本上采取了全面禁止的态度，日本最高法院1975年在AKODA一案中的意见充分表达了这一立场。虽然将转售价格维持视为"原则违法"，但立法允许例外存在，只是例外必须是法律明确规定的豁免情形，并且必须经过日本公正交易委员会的正式确认。❶

（三）最低转售价格维持的认定原则对举证责任的影响

本身违法原则，顾名思义指事实本身即为违法。因此在涉及反垄断行为的民事诉讼中，举证责任仅限于证明有损竞争的限制竞争行为存在，并因该行为造成损害。因此，对于原告来说，只需证明转售价格维持行为的存在，证明转售价格维持和损害事实之间存在因果关系，无须进行具体的市场分析来证明转售价格维持行为的反竞争效果；对于反垄断执法机构和法院来说，可以不必调查转售价格维持行为的目的和后果就可认定行为的违法性，从而可以大大节省执法和司法成本；对于被告，即便能提供采取限制竞争行为对社会所带来的极大益处的证据，转售价格维持行为依然被视为违法。

当适用合理分析原则时，需考察该行为对市场竞争、社会的经济效率以及社会总福利等积极因素，只有当积极竞争效果小于消极竞争效果时，该行为才被判定为垄断行为。针对此案，就要调查转售价格维持的经济合理性和生产商转售价格维持政策的竞争效果，并且在民事诉讼中，按照谁主张谁举证的原则，这个举证责任就要由原告承担，对原告的举证能力提出了很高要求。原告要获得胜诉，一是要证明转售价格维持行为存在；二是要证明转售价格维持行为的反竞争性，及由此带来的市场竞争损害；三是还需证明转售价格维持和损害事实之间存在因果关系。即便如此，当被告举证证明转售价格维持促进竞争的好处大于限制竞争的影响时，原告需要举证反驳，否则将承担败诉后果。而对于法院来说，法院要认真考量被告的市场力量、转售价格维持的来源等多种因素，用以综合衡量最低转售价格维持的竞争效果。

适用"原则违法、例外豁免"原则时，原告的证明责任与适用本身违

---

❶ 符颖：《纵向垄断协议的诉讼资格及证明责任———"北京锐邦涌和科贸有限公司诉强生（中国）医疗器材有限公司案"评析》，载《交大法学》2013年第2期，第68—77页。

法原则时基本相同，主要举证责任在于证明转售价格维持行为的存在，转售价格维持和损害事实之间存在因果关系。而被告想获得法律豁免，必须举证证明自身行为符合法律豁免的要件，举证风险转移给了被告。

四、案例启示

（一）锐邦诉强生案与茅台、五粮液案对比及研究

1. 茅台公司与五粮液公司实施的价格垄断行为

2012 年 12 月为稳定市场价格和维护品牌形象，贵州茅台酒销售有限公司（以下简称"茅台公司"）董事长袁仁国在年底召开的经销商大会上强势推出"限价令"，勒令各经销商要守住 53 度飞天茅台的市场价，其零售价不得低于 1519 元，团购价不得低于 1400 元。2013 年 1 月初，茅台公司内部对有低价和跨区域销售行为的重庆、西藏和玉林 3 家经销商予以通报批评，并处以暂停茅台酒合同计划、扣减保证金、黄牌警告等处罚。另一高端白酒企业宜宾五粮液酒类销售有限责任公司（以下简称"五粮液公司"）2012 年 12 月也对全国市场进行抽查，并对数家经销商的低价、跨区、跨渠道销售行为进行通报处罚。❶

2. 茅台公司与五粮液公司所受到的处罚

随后不久，中国国家价格监督检查与反垄断局和贵州省物价局对茅台公司和五粮液公司展开了反价格垄断调查。2013 年 2 月，贵州省物价局及四川省发改委发布公告，茅台公司和五粮液公司因实施价格垄断违反《反垄断法》第 14 条被分别罚款 2.47 亿元和 2.02 亿元，罚款金额总计 4.49 亿元，是上年度两家酒企销售额的 1%。

（二）对锐邦诉强生案与茅台、五粮液案的思考

锐邦诉强生案与茅台、五粮液案是我国分别通过行政途径和司法途径处理转售价格维持的两起案件。争议最主要的焦点在于属于同类问题的案件，处理采用了两个不同的原则。有关最低转售价格维持垄断协议的认定应该适用本身违法原则还是合理性原则，人们提出了疑问。

---

❶ 孟姣：《我国转售价格维持的反垄断法规制研究》，河北经贸大学硕士学位论文，2014 年。

由贵州省物价局和四川省发改委的公告得知，执法部门认为茅台公司和五粮液公司的限价行为违反了《反垄断法》第 14 条的规定，排除、限制了市场竞争，侵害了消费者的利益，构成纵向垄断，行政执法部门在处理这一案件时遵循的是本身违法原则。

这与锐邦诉强生案的审理思路明显不同。该案中锐邦公司认为强生公司限定转售商品最低价格的行为违反《反垄断法》第 14 条第（2）项的规定，要求其赔偿 1440 万元。上海市第一中级人民法院在判决中指出，对于双方签订的含有限制最低转售价格条款的经销合同是否构成垄断协议，还须考量其是否具有排除与限制竞争的效果，并以原告的证据不足为由驳回其诉讼请求。由此看出，上海市第一中级人民法院通过适用合理原则明确将证明纵向垄断协议具有排除、限制竞争效果的举证责任分配给原告，认为原告无法证明经销合同具有排除与限制竞争的效果，并驳回了其诉讼请求。虽然上海市高级人民法院在二审中改判原告锐邦公司胜诉，但其审判思路与上海市第一中级人民法院无异：认为纵向垄断协议不适用举证责任倒置，应依据"谁主张谁举证"的一般民事诉讼原则，由原告承担纵向垄断协议具有排除、限制竞争效果的证明责任，并且明确认定是否构成垄断协议时以具有排除、限制竞争的效果为要件。显然上海市高级人民法院也是遵循了上海市第一中级人民法院的思路，适用的是合理性原则。

从上文可以看出转售价格维持适用原则的不确定，如果反垄断执法机构和法院对于转售价格维持适用不同的原则，那么企业在日后的经营与决策中将会进退维谷。同时在我国价格机制不完善的现状下，由于没有足够的经验，单纯适用合理性原则分析转售价格维持案件，可能会增加法官裁量权，姑息违法行为，将不会起到很好的反垄断作用。

笔者认为，我国现阶段宜采用的最低转售价格维持的反垄断法规制原则为本身违法原则。

首先，我国目前正处于社会转型期，经济发展也连续多年保持较高增长速度，竞争不仅来自国际层面，国内市场的竞争也相当活跃。❶ 在经济高速发展的过程中所产生的分配不公，大企业垄断市场而中小企业发展资

---

❶ 刘从武：《论最低转售价格维持的反垄断法规制——兼评"茅台五粮液案"和"锐邦强生案"》，上海交通大学硕士学位论文，2014 年。

金不足、销售渠道狭窄、难以获得政策支持等问题却越来越严重。在效率与公平的平衡中，公平是目前更需要加以保护的一方。

其次，就我国目前的法治现状来说，社会对法制的不信任感还较高，市场经济的参与主体尚未完全形成自觉主动在经营活动中遵守法律的意识，因此，更迫切需要树立起法律的权威，尤其是"市场经济的宪法"反垄断法的地位和威慑力，使其深入各企业的内心。

最后，从反垄断法保护竞争秩序和消费者利益的目的来讲，在当前的经济形势下，竞争充分而秩序不足，消费者力量弱小无法对抗具有强大市场地位的垄断企业，即使感到不满意也难以对企业形成制约，因此需要刚性的法律规定对良好的竞争秩序和广大消费者的权益加以保障。

综合以上三点，在对最低转售价格维持的选择上采用本身违法原则，是适应我国目前经济发展阶段、市场实际情况、法治大环境以及反垄断法的目的的。

五、相关法律法规

《中华人民共和国反垄断法》

第十四条 禁止经营者与交易相对人达成下列垄断协议：

（一）固定向第三人转售商品的价格；

（二）限定向第三人转售商品的最低价格；

（三）国务院反垄断执法机构认定的其他垄断协议。

第五十条 经营者实施垄断行为，给他人造成损失的，依法承担民事责任。

山西省电力行业协会实施
直供电价垄断协议案例研究

引　言

　　行业协会作为同行业企业自发组建的非营利性、自律性、自我服务、自我管理的组织，始终以谋求和增进本行业经营者共同利益为根本宗旨，在市场经济活动中发挥积极功能作用的同时，由于其潜在的负面属性可能带来排除和限制竞争的实际损害。如固定价格、数量限制、划分市场、集体抵制等，这些属于垄断协议行为，同样受反垄断法规制。2013 年 7 月国家工商行政管理总局在"反垄断案例公布平台"公布了 12 起已查结的垄断协议案，其中 9 起案件是有关行业协会组织本行业经营者达成的垄断协议，行业协会涉及垄断协议问题比较突出。2017 年 8 月，国家发改委指导山西省发改委对山西省电力行业协会组织 23 家火电企业达成并实施直供电价垄断协议一案开出了 7288 万元罚单，这是中国电力行业首例反垄断案件。

一、案情详述

　　2016 年 1 月 29 日，全国 12358 价格监管平台和山西省政府有关部门接到举报，反映山西省电力行业协会组织部分火电企业召开大用户直供座谈会，签署《山西省火电企业防止恶意竞争保障行业健康可持续发展公约》，涉嫌非法垄断直供电价格。

　　调查发现，2016 年 1 月 14 日下午，山西省电力行业协会召集大唐、国电、华能、华电 4 家央企发电集团山西公司，漳泽电力、格盟能源、晋能电力、西山煤电 4 家省属发电集团，以及 15 家发电厂，在太原市召开火电企业大用户直供座谈会，共同协商直供电交易价格，签订公约，并确定2016 年山西省第二批大用户直供电报价较上网标杆电价让利幅度不超过0.02 元/千瓦时，最低交易报价为 0.30 元/千瓦时。

经对销售数据进行核实，各涉案企业实施了直供电价格垄断协议。价格主管部门依法开展反垄断调查后，涉案企业按照法律要求及时进行了整改，由买卖双方根据市场情况公平确定直供电交易价格。

山西省电力行业协会组织 23 家火电企业通过垄断协议控制直供电交易价格的行为，违反了《反垄断法》规定，违背了国家电力改革中引入竞争、鼓励大型工业用户向发电企业直接购电、交易双方协商定价的原则，不利于通过市场化、法治化的手段有效推进火电行业供给侧结构性改革，排除、限制了直供电市场的公平竞争，增加了下游实体企业的用电负担，损害了消费者利益。

国家发改委指导山西省发改委依法作出处理决定，对达成垄断协议发挥组织作用的山西省电力行业协会，依法从重处罚，罚款 50 万元，对参与达成并实施垄断协议、积极配合调查、认真整改的涉案企业处上年度相关销售额 1% 罚款，对 23 家涉案企业合计罚款 7288 万元。❶

在案件调查过程中，行业协会提出以下几个观点：

（1）行业协会并没有印发正式文件或者明文规定价格，不能认定为达成垄断协议。

（2）《反垄断法》主要是管垄断企业的，发电企业不是垄断企业，全行业亏损，都在低于成本价销售，没有获得垄断利润；行业协会采取的措施是避免低价倾销。

（3）电力行业属于特殊行业，不适用于《反垄断法》。

二、关键法律问题的提出

1. 山西省电力行业协会的抗辩理由是否成立

2. 行业协会产生限制竞争的原因

3. 行业协会限制竞争行为的主要类型

---

❶ 国家发改委网站，http://www.ndrc.gov.cn。

三、案例分析研究

（一）山西省电力行业协会的抗辩理由是否成立

首先，我国《反垄断法》第 13 条对垄断协议做的界定，"垄断协议是指排除、限制竞争的协议、决定和其他协同行为"。此处把垄断协议归为一种行为，那么"垄断协议"中的"协议"应做广义理解，应指具有协同性的行为；"其他协同行为"中的"其他"二字，表明我国把"协议"和"决定"也视为协同行为，由此可知，我国规定了三种垄断协议的典型表现形式：协议、决定、协同行为，并以"协同行为"作为三者的总称。❶本案中大家共同的意思表示已经形成了，也形成了具体的价格，垄断协议已经达成并实施，衡量是否存在垄断协议的关键是有没有形成排除、限制竞争的意思表示，或者共同一致的行动，有没有正式成文不是必要条件。

其次，我国《反垄断法》作为市场竞争行为的基本规则，属于行为规制法，适用于所有的限制竞争或垄断行为，不因行为主体自身的所有制、法律形式、所在领域等方面的差别而有所不同，平等适用于国有企业、民营企业、外国经营者等（法律另有规定的情形除外）。电力行业企业在社会生产和生活中具有重要的地位和作用，但是在法律上与其他企业具有同等地位，不具有特殊性。作为电力企业，无论是否处于垄断地位，只要有限制竞争的行为，都应当受到反垄断法的处罚。电力企业为避免竞争，达成价格协议的行为，无论是否高于或低于市场价格，行为本身就已经违反了反垄断法。

（二）行业协会产生限制竞争的原因

行业协会的功能根据不同类型行业的特点包含着不同的内容，但基本上主要包括自律功能、服务功能和协调功能。

自律功能是行业协会的首要职能，是行业协会在社会经济组织结构中得以存在的必要条件。❷行业协会的自律就是行业协会通过规章、标准、

---

❶ 张桐：《垄断协议表现形式的认定标准之构建》，载《黑龙江省政法管理干部学院学报》2008 年第 4 期，第 94—97 页。

❷ 李龙：《经济法视野下的行业协会功能问题研究》，南京师范大学硕士学位论文，2010 年。

决议等形式和相应的内部组织机制对其成员的行为进行约束、规范和管理，以促进本行业和其成员的发展。行业协会这种源于内部的自律性管理模式相较于政府的行政干预，更为有效，既树立协会自身权威性，防止政府过度干涉，又提高了协会各种内部制度机制建设与自我管理水平。

服务功能是行业协会各项功能的本质体现。主要体现在：提供行业资讯及政策咨询、对人员进行培训与管理、展览和推广商品、组织会员联合新产品开发、帮助企业开拓国内及国际市场等方面。与此同时行业协会的服务功能还体现在为政府、国家提供服务，例如组织会员企业开展行业调研，为国家制定经济方针政策进言献策等。❶ 行业协会最基本的服务功能是提供信息，故其也被称为"信息库"。行业协会的信息提供功能主要体现在：收集会员企业有关价格、产量、收益以及其他信息并将汇总后的数据发放给每个会员企业；通过出版刊物或组织会议，向会员企业提供有关本行业及相关行业的新产品、新技术等开发应用状况等。

协调功能是由行业协会的中介性特征所赋予，主要是指行业协会在履行其他职能的过程中协调会员企业之间、会员企业与政府部门间的关系。具体来说，协调功能主要表现在：（1）协调会员企业关系。行业协会通过建立内部的利益协调机制，协调会员企业形成并共同维护彼此间的共同利益，避免会员企业之间因为恶性竞争而造成的资源浪费、市场失灵等不良后果，营造良好的市场竞争秩序，促进整个行业健康有序发展与进步；（2）协调会员企业与政府之间的关系，充当政府与企业之间的桥梁与纽带。作为政府与企业之间的"软组织"行业协会在两者间建立起良性的双向互动机制，反映双方各自的政治需求和经济主张。

从经济学的角度来看，行业协会功能的本质是减少交易成本，市场上的交易主体达成了一系列合约安排，协会内部的监督、管理的成本代替企业间反复出现的谈判、缔约交易成本。❷ 行业协会虽然具有促进竞争的优势，正如一个硬币有两面，对于竞争而言，行业协会也是一把"双刃剑"。当它是"政府和市场缺陷的矫正者"时，在加强行业自律、维护市场秩序和促进公平竞争等方面上功不可没；但当行业利益与社会公共利益发生冲

❶ 叶明：《行业协会限制竞争行为的反垄断法规制》，西南政法大学博士学位论文，2008 年。
❷ 朱妮：《行业协会和地方政府互动关系研究——以常州市地板行业协会为例》，上海交通大学硕士学位论文，2009 年。

突时，行业协会作为同行业营利性企业的集合体，自然地选择维护本行业利益，将协调能力转化为促成共谋的能力，又可能发展成为"限制竞争行为的组织者"。

行业协会的行为因为天然地接近于联合行为，必然内在地隐含着限制竞争的可能性。行业协会限制竞争行为是指行业协会通过协会决议、规章等形式实施排除、限制竞争的行为，又称为行业协会垄断协议。虽然行业协会不在市场上提供商品或服务、从事交易行为，但因其决议、规章、活动等通常会影响会员企业之间的决策，这就间接影响了市场竞争秩序以及价格状况，危害极大。

（三）行业协会限制竞争行为的主要类型

行业协会限制竞争的行为，在采取垄断协议、滥用支配地位及滥用行政权力等方面都有具体体现。其中主要形式有：

1. 统一定价限制竞争

固定价格是指竞争者之间以不正当的方式进行协商，从而降低竞争的激烈程度，减少彼此的摩擦，完成对价格以及交易范围的人为确定，以此达到控制价格的目的。主要包括以下几种类型：统一销售价格，即由行业协会组织实施，以决议或决定的方式规定产品的销售价格的行为。规定最低售价，即由行业协会以决议或决定的方式要求成员企业在销售其商品时不得低于行业协会所规定的最低销售价格。❶ 限制最高售价，即由行业协会以决议或决定的方式要求成员企业在销售其商品时不得高于行业协会所规定的最高销售价格。规定销售价格的调整幅度，即由行业协会以决议或决定的方式规定成员企业在进行价格调整时的上下幅度。

2. 分割市场限制竞争

行业协会分割市场限制竞争是指行业协会以决议或决定等方式，规定或协调成员企业销售什么种类的商品，在哪里销售，销售给谁等问题。行业协会做出决议或约定的内容有可能涉及三个方面，企业销售内容、销售地域、销售客户群，通过范围的划分，避免成员企业内部在同一区域内抢夺资源，避免行业企业间的竞争。这种划分，减少了同一市场内经营者的

---

❶ 杨文静：《论行业协会限制竞争行为的违法性认定及法律责任》，中南大学硕士学位论文，2012 年。

数量，限制了同业者的竞争，客观上产生了破坏市场竞争机制的效果。

3. 集体抵制限制竞争

由行业协会牵头协调会员企业的行动，集体拒绝与第三方进行接触的行为，我们称为行业协会的集体抵制。所谓第三方，包括非会员企业和会员企业。

行业协会主导的集体抵制行为有如下特征：第一，多种多样的抵制手段使得行业协会对市场竞争的破坏效果不断扩大；第二，行业协会集体抵制行为可能源于其自治权利中的惩罚权的行使，因而从其表面来看可能具有较为正当的理由。

4. 利用信息交流限制竞争

行业协会的重要功能之一便是为会员企业提供各种服务，其中信息交流服务又是其各种服务中的重中之重。

信息交流服务对市场竞争的作用有其两面性，一方面，信息的交流有助于企业更快更全面地捕捉市场情况，以提高自身竞争力，促进市场竞争的发展；另一方面，信息交流也可能对市场竞争产生负面影响，如可能使得同行业企业形成某种联盟，从而限制市场竞争。

5. 利用标准化手段限制竞争

随着科学技术的飞速发展和生产分工的精细化，行业协会经常会在行业内制定某种标准以规范本行业会员企业的产品和服务，标准化有利于提高产品和服务水平，同时，也有可能在实施标准化中，抑制了创新，有时也会产生限制竞争的效果。这种限制竞争的效果主要表现在可能导致本行业将服务与产品一直维持在一个低水平线上，会员企业无须过多地去思考如何提高本企业的产品和服务水平以增强自身的市场竞争力，从而对市场竞争造成实质上的破坏。

四、案例启示

行业协会对经济生活的影响日益显现，然而，我国《反垄断法》对行业协会实施垄断行为的规定过于简单、笼统，欠缺可操作性，仅在第 11 条、第 16 条和第 46 条第 3 款中对行业协会进行了规定，建议从以下方面予以完善。

（一）界定行业协会限制竞争的行为类型

一方面细化行业协会组织、实施联合限制竞争的行业类型，明确列举行业协会滥用自治权、滥用信息交换、滥用标准化、认证权及许可权等组织、实施限制竞争的行为类型；另一方面把行业协会滥用权力排斥竞争对手、限制会员企业的正当竞争以及要求会员企业实施滥用市场支配地位等限制竞争行为纳入《反垄断法》约束的框架，并设立"兜底条款"，授权反垄断执法机构对实践中出现的新型限制竞争行为及时作出回应，以切实维护健康、公平的市场竞争环境。❶

（二）明确行业协会限制竞争行为的违法认定标准和适用原则

在立法上确立"实质性限制竞争"的违法性认定标准，只要在实质上限制了市场竞争，就应承担《反垄断法》上的法律责任，这样，一方面可以为前面的"兜底条款"提供一个可操作的判断标准，另一方面也可以为后面的豁免制度提供理论基础。在适用原则上，突出立法与执法和司法协同规制的理念，在立法上确立"一般禁止，特殊豁免"的规制原则，在执法和司法中，采用本身违法原则和合理性原则作为补充，针对具体案件进行利益衡量，避免可能带来的效率损失。在引入豁免制度时，除对豁免条件作出明确规定外，还应设定相应的程序规则，只有向反垄断执法机构书面申报并获得批准的限制竞争行为才能最终获得《反垄断法》的豁免。

（三）健全行业协会限制竞争行为的法律责任体系

在责任主体方面，确立双重双罚制的处罚原则。即对于行业协会限制竞争行为，不仅要处罚行业协会，还要处罚参与其中的会员企业，不仅要处罚行业协会及其会员企业，还要处罚行业协会及其会员企业中对其直接负责的主管人员和其他直接责任人员。在责任形式方面，一方面完善现有的行政责任，增加责令停止违法行为和没收违法所得两种责任形式，实行以销售额为基础的重罚制度，赋予反垄断执法机构撤销登记的处罚权；另一方面引入民事责任和刑事责任，建立反垄断法私人诉讼机制，确立惩罚性赔偿的民事责任，对于情节严重，性质恶劣，严重破坏市场竞争秩序的

---

❶ 姜发根：《行业协会限制竞争行为的反垄断法规制》，载《学术界》2013 年第 5 期，第 109—119 页。

限制竞争行为，确立相关责任主体的刑事责任。为了激励违法者与反垄断执法机构的合作，明确规定行业协会限制竞争行为可以适用宽恕制度，并对宽恕制度的适用条件、程序及保障激励机制作出明确的规定。

五、相关法律法规

《中华人民共和国反垄断法》

第十一条 行业协会应当加强行业自律，引导本行业的经营者依法竞争，维护市场竞争秩序。

第十六条 行业协会不得组织本行业的经营者从事本章禁止的垄断行为。

利乐公司捆绑销售案例研究

引 言

利乐公司通过创新商业模式，改变设备付款方式，迅速扩大了市场份额。他们为客户提供了生产线的整套解决方案，其创新的技术和一站式的解决方案，为商家创造了价值。利乐公司自 20 世纪 80 年代进入中国以来，已成为中国最大的软包装供应商，他的商业模式被广泛地推举为商业经营成功案例。但是 2012 年 7 月 5 日，国家工商总局对其在华涉嫌滥用市场支配地位行为正式立案，经过长达 4 年时间的调查，2016 年 11 月利乐公司反垄断案有了最终结果，国家工商总局对利乐集团有关企业滥用市场支配地位案件依法作出行政处罚，处罚款 6.68 亿元。这是迄今为止中国行政执法机关从前期核查、立案调查到结案公布，历时最长的垄断案件，是被业内和国际广泛关注的一个案件。

一、案情详述

（一）利乐公司

瑞典利乐公司（Tetra Pak）（以下简称利乐公司）成立于 1951 年，总部在瑞士，目前利乐公司是全球最大的液态食品包装系统供应商之一。利乐公司自 20 世纪 50 年代开始为液态牛奶提供包装。根据利乐公司官方网站资料显示，目前利乐公司在全球共有 39 家销售公司、42 家包装材料和封盖厂以及 8 家灌装机和加工设备组装厂。

利乐公司 1979 年向中国广东佛山售出首台"砖形纸盒无菌灌装机"，从此开始不断加快在中国的发展速度，并从单一出售灌装机扩大到延伸产品，包括包装材料及零部件供应等领域。利乐公司自进入中国市场以来，已累计投资 37.6 亿元人民币。总部设在上海的利乐，拥有员工 1900 多名。至 2003 年该公司已在中国销售千余台无菌灌装机，取得中国无菌灌装机 95% 的市场份额。

利乐公司在中国的发展可分为两个阶段：第一个阶段是 20 世纪 70 年代末至 90 年代前期，该公司以无菌灌装机销售为其主要盈利模式。第二个阶段是从 20 世纪 90 年代中期起，该公司在中国建立了包装材料工厂后，逐渐转化到包装材料领域。❶

（二）利乐公司销售情况

有权威机构估算，利乐公司的利润率达到 20% 左右，利乐公司在中国最早的合资公司 2010 年实现净利润 2.39 亿元，净利润率为 22.27%。与之形成鲜明对比，2013 年蒙牛营业收入达人民币 433.6 亿元，但净利润只有 16.3 亿元，净利润率只有 3.76%。2013 年，乳制品无菌纸包装市场规模在 1000 亿包至 1100 亿包，利乐公司大约占 550 亿包，占比为 55% 左右。

（三）利乐公司技术水平

目前，全世界这一行业的相关企业总共有四五十家，而利乐公司产品的质量代表了最高水准。比如，利乐公司的坏包率可以控制在万分之一以内，而国内企业的平均水平是万分之二到万分之三。又如，利乐包与其他包材的区别还体现在 UHT 奶的贮藏时间上，两者的差距会达到 20% ~ 30%，换言之，利乐包的保质期是半年的话，其他包材可能只有四五个月。

利乐公司拥有 5000 多项技术专利，并有 2800 项正在研发和申请当中。利乐公司的产品技术与产品质量，国内企业至今无法赶超。

（四）利乐公司的经营模式

利乐公司的设备都是成套销售的，采取一套类似租赁融资的方案。利乐设备投资的方案中，客户只要拿出 20% 的款项，就可以安装成套设备投

---

❶ 闫阅：《T 公司的市场营销战略及其对国内企业的启示》，复旦大学硕士学位论文，2004 年。

产。以后一段时期内，客户每年需要订购约定数量的包装耗材以抵扣其余80%的设备款。利乐公司的纸质材料上有一种标识密码，利乐公司灌装机上的电脑只有识别这个密码后才能工作，用其他公司的包装材料灌装机就不工作。但与此同时，利乐公司的包材价格比国内同类产品贵30%左右。

目前国内约有26家包材生产企业，但是产品仅限包材。而利乐公司不仅提供设备、包材，其强大的售后服务更是覆盖了牧场至后端销售，其为企业提供的增值服务涵盖了研发、销售及市场推广。

（五）利乐公司的适法性调整

2008年8月1日，我国《反垄断法》正式实施。利乐公司对自身经营行为，如价格、销售模式、售后服务、客户管理等方面做出了相关调整。

变化一：早年利乐公司的包装设备只能与其自身的包装材料相兼容，但近年利乐公司已做改进，其包装设备可以使用其他生产厂家的包装材料。取消对利乐设备使用商必须使用利乐包装材料的规定外，利乐公司还调低包装材料的价格。但是利乐公司在包材销售中实施了复杂的附条件折扣行为。

变化二：在与灌装机客户的合同里，利乐公司会提供更多的付款选择，客户既可以选择以购买利乐公司的包材来冲抵购买灌装机的款项，也可以选择分期支付灌装机款项。在利乐提供的格式条款合同中，对销售设备设置了绩效确认期和保证期（质保期），限定设备客户在绩效确认期和保证期（质保期）内使用利乐包材或"经利乐认可"的包材。

变化三：2009—2010年，利乐公司在技术服务中采用了固定成本维修保养服务模式（又称千包协议）。方案以客户使用的包材数量（千包）为计量依据并设置固定服务费率，该服务要求客户必须使用利乐包材。2011年后，利乐公司对协议进行了主动调整，不再要求客户必须使用利乐包材。

（六）国家工商局对利乐公司的处罚

2012年1月国家工商总局对利乐公司涉嫌滥用市场支配地位行为予以立案，历时四年多审查，2016年11月16日国家工商总局公布对利乐公司滥用市场支配地位案件处罚决定书。根据调查，工商总局认为，在2009—2013年，利乐公司在中国大陆液体食品纸基无菌包装设备（简称设备）、纸基无菌包装设备的技术服务（简称技术服务）、纸基无菌包装材料（简称包材）三个市场，均具有市场支配地位，市场份额分别超过 50%、80% 和 60%。工商总局认为，2009—2013 年，利乐凭借其在设备市场、技术服务市场的支配地位，在提供设备和技术服务过程中搭售包材；凭借其在包材市场的支配地位，通过限制原料纸供应商与其竞争对手合作、限制原料纸供应商使用有关技术信息，妨碍原料纸供应商向其竞争对手提供原料纸；凭借其在包材市场的支配地位实施追溯性累计销量折扣和个性化采购量目标折扣等排除、限制竞争的忠诚折扣，妨碍包材市场的公平竞争。❶

工商总局认定，利乐的上述行为违反了《中华人民共和国反垄断法》的有关规定，构成了该法第 17 条第 1 款第（4）项、第（5）项和第（7）项规定的没有正当理由搭售、没有正当理由限定交易和其他滥用市场支配地位行为。依据《中华人民共和国反垄断法》，工商总局责令利乐停止违法行为，包括不得在提供设备和技术服务时无正当理由搭售包材，不得无正当理由限制包材原纸供应商向第三方供应牛底涂布液包白卡纸，不得制定和实施排除、限制包材市场竞争的忠诚折扣，处罚款计 667724176.88 元人民币。

二、关键法律问题的提出

1. 利乐公司的相关市场
2. 利乐公司是否进行了捆绑销售

三、案例分析研究

（一）利乐公司的相关市场

滥用市场支配地位的前提条件是经营者具有市场支配地位。而市场支配地位必须以相关市场为基础，在确定市场支配地位时，必须先明确经营者的相关市场。

相关市场，是指经营者在一定时期内就特定商品或者服务进行竞争的

---

❶ 国家工商行政管理总局行政处罚决定书，工商竞争案字〔2016〕1 号。

商品范围或者地域范围。首先本案很显然涉及了两个独立的相关商品市场，即无菌灌装机市场和乳制品无菌纸包装市场。但是工商总局把涉案的相关市场界定为三个市场，即纸基无菌包装设备市场（设备市场）、纸基无菌包装设备技术服务市场（技术服务市场）和纸基无菌包装材料市场（包装材料市场）。本案把技术服务市场从设备市场中拆分出来。一般来说，原厂在一定期限内会免费提供自家设备的维修；不会提供其他厂商设备的维修服务。因此，技术服务市场往往在一定程度上可能难以成为一个独立的市场。但是，在利乐案中该市场不仅被认定为是一个单独的市场，而且拥有最高的市场份额 80%。出现这种情况的原因，"大致可能是由于设备存续的时间较长，对保养和维护有较高的要求，一些零备件的价值较高，这说明售后市场对于利乐来说可能更为有利可图，零备件的价格应当比销售设备整机利润率更高。因此技术市场有了被单独划分的必要性"❶。这也硬件企业习惯的做法，用较低的产品打开市场，用较高的售后和耗材来获取利润。

（二）利乐公司是否进行了捆绑销售

捆绑销售，又称搭售，是指经营者在销售商品或提供服务时，向商品购买者或服务接受者强行搭配销售购买方不需要或不愿要的另一种商品或服务的行为。

根据我国《反垄断法》和《禁止滥用市场支配地位行为的规定》有关捆绑销售的规定，认定捆绑销售行为，需要考虑如下因素：第一，搭售的商品是否独立于主商品，所谓独立，是指两个商品本身并无内在的必要牵连关系，完全可以分开销售；第二，经营者在市场上是否存在充分的控制消费者的市场实力或能力；第三，对搭售的商品消费者是否有选择的权利。

无菌灌装机与无菌包装材料的用途有明显的区别，因此两者应独立构成相关市场。利乐公司在销售无菌灌装机时，采取变相付款搭售包装材料，看似是一种融资方式，但是在纸质材料上设有标识密码，利乐公司灌装机上的电脑只有识别这个密码后才能工作，用其他公司的包装材料灌装机就不工作，这种只要购买无菌灌装机就不得不购买利乐公司的包装材料的做法，这种行为改变了传统商业习惯，大大限制了购买者的自由选择

---

❶ 姜丽勇：《利乐给我们哪些启示》，科威法律网，2016 年 11 月 21 日。

权，应该属于反垄断法所称的捆绑销售行为。很显然利乐公司采取以无菌灌装机捆绑销售乳制品无菌纸包装材料方式，实现了将其在无菌灌装机市场支配地位传导到包装材料市场，限制、排除其他经营者在乳制品无菌纸包装领域竞争结果。

据利乐公司解释，"设备捆绑材料"是出于保障包装质量和稳定性的需要，这种说法看似有道理，但是牵强的。这两种商品分属于两个商品市场，一是没有配套销售的商业习惯，二是不是必须选择的唯一方法，即使基于安全稳定的需要，也不能剥夺用户的选择权。2008年我国《反垄断法》颁布后，利乐公司对灌装机销售合同内容做了修改，提供更多的付款选择，客户既可以选择以款项购买利乐公司的包材来冲抵购买灌装机的款项，也可以选择分期支付灌装机。避免了反垄断法捆绑销售。

但是在绩效确认期和保证期（质保期）内限定使用包材不符合行业惯例，使用利乐包材并非是达到设备绩效目标值得必要条件，也不是保障食品安全的必然要求；使用其他包材并不必然影响设备事故责任的判断，提供技术服务过程中限定包材使用不具备正当理由，损害了包材市场的竞争。综上，利乐公司在提供设备和技术服务过程中以多种方式限制和诱导客户使用利乐包材的行为，实质上是借助其在设备、技术服务市场的支配定位，对用户使用包材施加限制和影响，这种行为限制了设备用户的选择权，损害了包材市场的竞争。

四、案例启示

（一）捆绑销售行为复杂化隐秘化

捆绑销售作为经营者滥用支配地位行为的表现形式之一，不仅会造成进入市场障碍、限制排除其他竞争者、扭曲市场结构等破坏竞争秩序的副作用，还会损害消费者的合法权益。随着市场结构的转型变化，捆绑销售的行为表现趋向复杂多样隐秘的变化，这使得捆绑销售行为更难以定性难以取证。

利乐公司否认"捆绑销售"，申明"利乐公司的设备都是成套销售的，客户如果要买一套利乐枕式液态奶生产线，一次性要投入几百万元，淘汰原有设备的沉没成本也很高，所以利乐公司开发出了一套类似租赁融资的方案，向客户提供机器设备、包装材料、技术服务，但三部分之间是独立的，并不存在所谓的捆绑销售情况，机器设备和包装材料之间也不存在识别系统。标识密码仅是利乐公司的专利技术手段，仅仅是为了保障利乐产品的质量、性能及维护公司商誉防范侵权所用。"❶《反垄断法》实施之后，利乐公司修改了相关合同条款，但是客户反映，如果不使用它的包材，它在设备维护、服务上就会差些，出了问题处理也不及时。

利乐公司实际是采取了"我送你一盏灯，但是你必须用我的油"的做法，通常，利乐公司与中国企业签订合同的年限都在 10～20 年，这样一来，就把企业绑住了，甚至环环相扣，赚了设备的钱，又赚包装材料的钱，包装上还印着'利乐'商标，相当于一次免费宣传。毋庸置疑，"免费"背后的强制性消费是具有市场支配地位企业在谋求更大范围市场占有率的一种经营策略。

（二）从利乐公司的变化看法律的作用

2008 年 8 月 1 日，我国《反垄断法》正式实施。利乐公司依照法律规定对自身经营行为，如价格、销售模式、售后服务、客户管理等方面做出了相关调整。

利乐公司的适法性调整，充分体现了法律的作用。有以下几点：

第一，法律具有明示作用。法律的明示作用主要是以法律条文的形式明确告知人们，什么是可以做的，什么是不可以做的，哪些行为是合法的，哪些行为是非法的。违法者将要受到怎样的制裁等。法律所具有的明示作用是实现知法和守法的基本前提。❷

第二，法律具有预防作用。对于法律的预防作用主要是通过法律的明示作用和执法的效力以及对违法行为进行惩治力度的大小来实现的。根据法律的规定自觉地调解和控制思想和行为，从而来达到有效避免违法和犯罪现象发生的目的。

第三，法律具有校正作用。也称为法律的规范作用。这一作用主要是通过法律的强制执行力来机械地校正社会行为中所出现的一些偏离了法律

---

❶ 劳佳迪：《神秘利乐：闷声发大财的商业传奇》，第一财经网，2013 年 7 月 9 日。

❷ 冯伟远：《浅析我国现行的法律法规和特种作业的法律法规》，载《科学导报》2016 年第 9 期，第 150 页。

轨道的不法行为，使之回归到正常的法律轨道。像法律所对的一些触犯了法律的违法犯罪分子所进行的强制性的法律改造，使之违法行为得到了强制性的校正。❶

第四，法律具有净化作用。法律具有扭转社会风气、净化人们的心灵、净化社会环境的社会性效益。理顺、改善和稳定人们之间的社会关系，提高整个社会运行的效率和文明程度。作为一个真正的法制社会则是一个高度秩序、高度稳定、高度效率、高度文明的社会。这也是法制的最终目的和最根本性的作用。

我国《反垄断法》的颁布实施对利乐公司曾经存在的不合法行为敲响了警钟，充分起到了明示、预防、校正其行为和评价、教育、指引其销售理念及销售策略的法律作用。预防和制止垄断行为，保护市场公平竞争，提高经济运行效率，维护消费者利益和社会公共利益，促进社会主义市场经济健康发展，《反垄断法》及其相关法律法规功不可没。❷

（三）折扣行为带来的反竞争结果

折扣是一种常见的价格竞争形式，但在本案特定的市场环境下，特别是利乐公司与其他企业的极不对称的市场地位情况下，利乐公司的特有折扣模式使得它借助已有的支配地位，排除、限制了包材市场竞争。

在包材市场中，下游企业特别是大中型企业都会向利乐公司采购一定量的包材。如果某客户已从利乐公司采购，继续向利乐公司增加采购量时，不仅单价下调，还能获得返利；其他包材企业为了争取部分增量订单，报价不能仅仅是利乐公司的那个新单价，还必须大幅度降价才能补偿客户可以获得的利乐返利。利乐公司的平均价格仍然可以很高，在增量需求部分却表现出很低的价格，增加了其他包材企业的竞争难度。

其他企业的生存空间依赖于这些增量的需求；但是，即使它们愿意一再降价，实际能够获取的订单量也非常有限。已有订单可以理解为利乐公司控制的"垄断性需求"，增量订单是"竞争性需求"。通过折扣计划，利乐借助垄断性需求中不可替代的地位，增强了它在竞争性需求中的地位。另外，利乐公司也针对竞争对手的供货能力与降价能力，适时调整订单量

---

❶ 赵小彤：《阿Q精神胜利中的法》，载《时代文学》2013年第15期，第214—215页。

❷ 李文亮：《反垄断法中相关市场的界定》，郑州大学硕士学位论文，2011年。

阈值与折扣阶梯，保持自己在竞争性需求部分的价格优势。利乐公司的折扣政策还结合了跨品类的综合复合性追溯型折扣，继续加大了其他企业进行价格竞争的难度。这是理解本案中折扣行为反竞争效果的关键之处。

排挤了包材竞争企业，利乐公司的优势进一步放大。这种放大方式是基于它的市场地位，而不是自身的技术改进、服务改进、降价等合理方式。在短期，公平市场竞争因此无法依靠那些小型企业的竞争行为得以恢复。由此，利乐公司的市场力量得以维持并且扩张；虽然市场中仍然存在其他诸多小型企业，但是利乐独大的市场结构难以改变。❶

（四）关于利乐公司的商业模式的思考

作为世界上知名的包装供应商，虽然受到行业的诟病，涉嫌垄断的指控，但是利乐公司在一些方面确实值得我们中国企业学习研究。大致有以下几点：

第一，企业业务定位独特。利乐公司在业务定位上摆脱了传统业务模式的制约，即关系是供应商的核心能力。利乐公司的业务定位是为客户提供生意的解决方案，与客户创建了新型的供销关系——战略合作伙伴关系。我国企业应明确企业业务定位，精准业务布局，创建新型的供销关系。

第二，客户服务全方位，重视增值性。利乐公司以客户经理为核心，为每个客户都提供了从订单服务、技术服务、市场支持等基础层面提供高效而严谨的服务。更重要的是，利乐公司还通过自身的资源和组织的第三方资源为每个客户从战略决策建议、营销决策建议方面给予客户更高层面的服务和建议，深入销售商销售环节，服务重视增值性。

第三，重视技术创新。在这个科技是第一生产力的时代，围绕着公司的业务要求，利乐公司全面展开着技术创新和技术改进，一个利乐工厂技术人员占全体员工比例多达六七成，拥有5000多项技术专利，并有2800项正在研发和申请当中。创新思维引领利乐在系统的配合方面、技术能力方面、系统的集成方面遥遥领先。在我国技术是阻碍我国相关企业发展的第一大壁垒，我国企业也应加大技术研发改进的投入力度。

---

❶ 谭国富：《专家：利乐公司的忠诚折扣特性与限制》，中国经济网，2016年12月16日。

五、相关法律法规

《中华人民共和国反垄断法》第三章　滥用市场支配地位：

第十七条　禁止具有市场支配地位的经营者从事下列滥用市场支配地位的行为：第五款规定，没有正当理由搭售商品，或者在交易时附加其他不合理的交易条件。

第十八条　认定经营者具有市场支配地位，应当依据下列因素：

（一）该经营者在相关市场的市场份额，以及相关市场的竞争状况；

（二）该经营者控制销售市场或者原材料采购市场的能力；

（三）该经营者的财力和技术条件；

（四）其他经营者对该经营者在交易上的依赖程度；

（五）其他经营者进入相关市场的难易程度；

（六）与认定该经营者市场支配地位有关的其他因素。

第十九条　有下列情形之一的，可以推定经营者具有市场支配地位：

（一）一个经营者在相关市场的市场份额达到二分之一的；

（二）两个经营者在相关市场的市场份额合计达到三分之二的；

（三）三个经营者在相关市场的市场份额合计达到四分之三的。

有前款第（二）项、第（三）项规定的情形，其中有的经营者市场份额不足十分之一的，不应当推定该经营者具有市场支配地位。

被推定具有市场支配地位的经营者，有证据证明不具有市场支配地位的，不应当认定其具有市场支配地位。

《禁止滥用市场支配地位行为的规定》工商行政管理机关：

第六条　禁止具有市场支配地位的经营者没有正当理由搭售商品，或者在交易时附加其他不合理的交易条件：

（一）违背交易惯例、消费习惯等或者无视商品的功能，将不同商品强制捆绑销售或者组合销售；

（二）对合同期限、支付方式、商品的运输及交付方式或者服务的提供方式等附加不合理的限制；

（三）对商品的销售地域、销售对象、售后服务等附加不合理的限制；

（四）附加与交易标的无关的交易条件。

高通公司滥用知识产权案例研究

引　言

　　滥用市场支配地位，是指经营者获得一定的市场支配地位后，利用这种地位支配力量，对市场中其他经营者进行不公平交易或排斥竞争对手等妨碍竞争的行为。滥用市场支配地位的表现形式包括不正当的价格行为、差别对待、强制交易行为、排他性交易、搭售和附加不合理交易条件等。近年来，滥用知识产权的垄断案件频繁发生。知识产权其诞生之时便与独占及垄断有着天然关系，知识产权在为权利人带来法定利益的同时，相关滥用问题也日益凸显。跨国公司在我国屡屡运用娴熟的知识产权策略通过交叉许可、搭售、专利联营、价格歧视、前置性一揽子许可、独占交易、回授等形式，滥用其知识产权市场支配地位。2013 年 11 月国家发改委宣布启动对高通公司的反垄断调查，经历 13 个月的调查后，国家发改委裁定高通公司违反《反垄断法》，开出高额罚单。高通公司垄断案备受关注，是我国有关滥用知识产权市场支配地位反垄断执法第一案，其涉案标的额巨大，具有特殊意义。

一、案情详述

（一）高通公司简介

　　高通公司 1985 年创立于美国圣地亚哥，是一家研发和推动 CDMA 无线电通信技术的小型公司。到了 90 年代，高通公司已经在美国的 CDMA 市场独占鳌头。高通公司靠无限通信技术起家，拥有大量的无线通信技术标准必要专利。为了找到专利许可收费的有效手段和计数方式，高通公司凭借技术实力创立了自己的基带芯片设计和制造业务，并迅速垄断了基带芯片市场。20 世纪国外的苹果、三星，国内的中兴、华为、联想、小米等手机品牌几乎都采用高通公司的芯片，高通公司的芯片在智能手机芯片国际市场占据了 70% 的市场份额。

高通向购买其芯片的厂商提供"芯片＋专利"的捆绑购买模式，如果设备商未与高通达成专利许可协议，高通便不向其供应基带芯片，设备商就无法生产；同时芯片的出货量成为专利许可收费计数的重要参考依据。在许可上，高通公司将技术标准必要专利和非标准必要专利捆绑，用一揽子许可的模式，打包一起许可给设备商，许可费用按手机价格的一定比例收取。

（二）国家发改委对高通公司反垄断调查

1. 立案调查

国家发改委于 2013 年 11 月立案，依法对高通公司滥用在 CDMA、WCDMA 和 LTE 无线通信标准必要专利（以下简称无线标准必要专利）许可市场及 CDMA、WCDMA 和 LTE 无线通信终端基带芯片（以下简称基带芯片）市场的支配地位实施垄断的行为进行了调查。❶

2013 年 11 月底，国家发改委对高通公司在北京和上海的两个办公地点进行了调查，调取了相关文件资料，同时对包括手机制造企业、芯片制造企业等国内外众多企业发出了协助调查的通知。

2. 调查的结果

国家发改委经过调查，认为高通公司存在以下行为❷：

第一，乱收高价专利许可费。主要包括将过期专利包含在专利组合中收取费用，并要求我国手机制造商将自己所有的专利向高通公司进行免费的反向许可，比如高通公司大概拥有 655 项 4G 标准必要专利，华为公司拥有 603 项，按照与高通公司的协议，华为公司的专利都要免费许可给高通，否则高通公司拒绝向华为公司出售芯片；而高通公司转让给华为公司芯片并不是按专利技术收费，而是要按整部手机售价的 5% 收取专利许可费用。

第二，没有正当理由搭售非标准必要专利。高通公司掌握着一些在无线通信领域成为技术标准的标准必要专利，这一部分专利是手机制造商想

---

❶ 《中华人民共和国国家发展和改革委员会行政处罚决定书》（发改办价监处罚〔2015〕1 号）。
❷ 钟磊：《中国反垄断第一大案：高通反垄断案评析》，载《对外经贸实务》2015 年第 7 期，第 75—78 页。

要购买的，而对高通公司的另一些非标准必要专利，手机制造商未必需要使用，高通公司利用其市场支配地位，将这两种类型的专利进行搭售，导致手机制造商被迫购买非标准必要专利。

第三，在芯片销售中附加不合理条件。如果我国手机制造商不签订包含上述不合理条款的专利许可协议，或已经签署协议但日后就专利许可协议产生争议并提起诉讼，高通公司就拒绝出售芯片。从表面上看似乎这一条款没有什么不合理，买方可以自由决定是否购买高通公司的芯片，可实际上以高通公司目前的市场支配地位来看，包括苹果、三星以及我国各大品牌几乎所有的手机制造商都对高通公司的芯片有高度依赖性，一旦其拒绝提供芯片，相关企业就不得不退出市场。

3. 高通公司的应对

2014 年 5 月，高通公司向国家发改委提交了一份《关于高通许可定价的经济学证据——全球经济学集团白皮书就国家发展和改革委员会调查高通案件提交的相关报告》，为自己做"无罪辩护"。

2014 年 8 月初，国家发改委表示，已经确定高通公司的垄断事实。2014 年 8 月 22 日，高通公司表示，愿就国家发改委调查关注的问题"作出改进"，"将进一步努力寻求最终解决方案"。

4. 处罚结果

2015 年 2 月 1 日，国家发改委网站上公布了针对高通公司反垄断案的《中华人民共和国国家发展和改革委员会行政处罚决定书》（以下简称《决定书》）。《决定书》指出，高通公司在 CDMA、WCDMA、LTE 无线通信标准必要专利许可市场和基带芯片市场具有市场支配地位，实施了收取不公平的高价专利许可费、无正当理由搭售非无线通信标准必要专利许可、在基带芯片销售中附加不合理条件等滥用市场支配地位的行为。据此，国家发改委对高通公司处以其在我国市场 2013 年度销售额 8% 的罚款，约合60.88 亿元人民币，责令高通公司停止违法行为，并进行整改。

（三）背景资料——高通公司在海外遭遇反垄断调查❶

从 2007 年开始，多个国家或地区相继对高通公司提起了反垄断

---

❶ 邓志松、戴健民：《风起于青萍之末高通反垄断调查案件背景评述》，载《电子知识产权》2014 年第 3 期，第 18—27 页。

调查。

韩国：2007年1月，韩国对高通公司进行反垄断调查，2010年1月对高通公司处以2.08亿美元的罚款，不过高通公司向首尔法院提起上诉，首尔法院维持原判。2014年8月，韩国公平交易委员会对高通公司启动新一轮反垄断调查，主要针对高通公司在专利许可活动中是否违反公平、合理、无歧视的原则，特别是是否拒绝向其他芯片厂商进行专利许可等问题。最终，韩国公平贸易委员会在《高通滥用市场支配地位》中认定，高通公司对于那些没有使用高通公司芯片的厂商收取了歧视性的差别许可费。例如，对于使用高通公司芯片的厂商收取5%的许可费，对于不使用高通公司芯片的厂商收取5.75%的许可费。据此，韩国公平贸易委员会对高通公司处以2.08亿美元罚款，阶段性结束了调查。。

欧盟：2007年10月，欧盟委员会根据Nokia等6家公司举报对高通公司进行了反垄断调查，最终2009年以和解宣布停止调查。2014年8月，欧盟委员会开始对高通公司启动新一轮反垄断调查，并向华为、三星等手机厂商发出调查问卷。欧盟主要是反对高通公司的垄断高价，不过最终由于起诉方撤诉，欧盟委员会以不再浪费公共资源为理由发布公告，终止调查。

日本：2009年7月，日本公平贸易委员会指控高通公司滥用市场支配地位，滥用行为包括迫使日本公司签署交叉授权协议，阻止专利持有人进行专利维权，要求高通公司限期改正。

欧美：2010年，基于Icera公司的投诉，欧美启动对高通公司的反垄断调查，Icera公司投诉高通公司滥用市场地位，目前此调查依然处于调查阶段。2014年9月，美国联邦贸易委员会正式对高通公司启动反垄断调查，并向三星等公司发出调查问卷，目前调查尚处于初始阶段。

以上可以看出，无线通信领域的知识产权反垄断调查执法，一直是全球范围内一大难点。对于高通公司涉嫌垄断行为，即使被欧盟、日本、韩国等反垄断执法机构发起过反垄断调查，但无果者居多，对其罚款者寥寥。

二、关键法律问题的提出

1. 高通公司案涉及的相关市场及市场支配地位
2. 高通公司涉嫌滥用市场支配地位的行为
3. 国家发改委如何反驳高通公司提出的异议
4. 案件处理结果

三、案例分析研究

（一）高通公司案涉及的相关市场及市场支配地位

国家发改委对高通公司的调查涉及无线标准必要专利许可市场和基带芯片市场。

1. 无线标准必要专利市场

标准必要专利，通常指将实施技术标准所必须使用的专利。从供给替代分析，每一项无线标准必要专利都具有唯一性，在被相关无线标准采纳并发布和实施后，不存在实际的或者潜在的替代性供给，因此，每一项无线标准必要专利许可均单独构成一个独立的相关产品市场。

由于专利授权、使用和保护均具有地域性，单独构成一个独立相关产品市场的每一项无线标准必要专利的地域市场均为一个特定的国家或者地区。不得将持有的无线标准必要专利进行组合许可，也不得将持有的不同国家和地区的无线标准必要专利进行组合许可。

2. 基带芯片市场

基带芯片是实现无线通信终端通信功能的重要部件。不同无线通信技术标准依托不同的无线标准必要专利，符合不同技术标准的基带芯片在特性、功能等方面均不相同。

从需求替代分析，无线通信终端制造商生产用于特定无线通信网络的产品，必须采用支持实施相应技术标准的基带芯片，不会因为一种基带芯片价格等因素的变化，寻求采购实施其他技术标准的基带芯片。从供给替代分析，基带芯片的研发和生产具有较强的技术性，其他经营者进入该市场存在较强的壁垒；生产商生产符合不同技术标准的基带芯片依托不同的技术和平台，不会根据不同基带芯片的需求量、价格等变化进行快速转产，不同的基带芯片供应之间不具有强替代性。

3. 高通公司在无线标准必要专利许可市场的市场地位❶

（1）高通公司在无线标准必要专利许可市场占有100%的市场份额。

高通公司在持有的每一项无线标准必要专利许可独立构成的相关产品市场，均占有100%的市场份额。同时，高通公司分别持有构成CDMA、WCDMA和LTE无线通信技术标准的多项无线标准必要专利，相关无线标准必要专利相互叠加，构成了覆盖特定无线通信技术标准的无线标准必要专利组合，在该无线标准必要专利组合许可市场高通公司占有100%的市场份额，不存在市场竞争。根据《反垄断法》第19条第1款第（1）项的规定，可以推定高通公司在无线标准必要专利许可市场具有市场支配地位。

（2）高通具有控制无线标准必要专利许可市场的能力。

由于高通公司持有覆盖CDMA、WCDMA和LTE技术标准的无线标准必要专利组合，无线通信终端制造商生产销售符合CDMA、WCDMA和LTE技术标准的无线通信终端，需从高通公司获得相关无线标准必要专利组合许可，否则不能进入市场参与竞争，并可能面临高通公司提起的专利侵权诉讼和禁令救济等风险，潜在被许可人与高通公司达成相关无线标准必要专利组合许可协议是唯一的选择。

高通公司拥有超过200家无线标准必要专利被许可人，且绝大多数被许可人与高通公司签订的专利许可协议中的许可条件是高通公司单方面确定的，被许可人缺乏制约高通公司市场力量的客观条件和实际能力。因此，高通公司在较大程度上具有控制专利许可费、许可条件以及阻碍、影响其他经营者进入相关市场的能力。

（3）无线通信终端制造商对高通公司的无线标准必要专利组合许可高度依赖。

无线通信终端制造商生产销售符合CDMA、WCDMA和LTE技术标准的产品，必须使用高通公司的无线标准必要专利组合。由于高通公司的每一项无线标准必要专利覆盖相关技术标准的不同方面，每一项无线标准必

❶ 《中华人民共和国国家发展和改革委员会行政处罚决定书》（发改办价监处罚〔2015〕1号）。

要专利对无线通信终端制造商均不可或缺，任何一项无线标准必要专利的缺失，均可能导致无线通信终端不能与网络互通，不能满足客户需求和获得监管部门的入网许可。因此，无线通信终端制造商对高通公司的无线标准必要专利组合许可高度依赖，高通公司具有支配性的市场力量。

（4）其他经营者进入相关市场难度较大。

无线通信技术标准是实现无线通信终端兼容、互联和互通的技术规范，在一项专利成为 CDMA、WCDMA 和 LTE 技术标准的无线标准必要专利的同时，其他竞争性技术则可能被排除在该技术标准之外。CDMA、WCDMA 和 LTE 技术标准被实施后，任何被纳入标准的技术若要改变，通常会给运营商和相关制造商带来难以承受的成本，其他竞争性技术客观上难以被纳入该技术标准。因此，其他经营者难以进入高通公司持有的无线标准必要专利组合许可构成的相关市场。

因此，根据《反垄断法》第 18 条的规定，依据上述因素，认定高通公司在无线标准必要专利许可市场具有市场支配地位。

4. 高通公司在基带芯片市场的市场地位

（1）高通公司在相关市场的市场份额均超过二分之一。

根据 Strategy Analytics 报告数据，2013 年高通公司在 CDMA 基带芯片市场、WCDMA 基带芯片市场和 LTE 基带芯片市场的销售额市场份额分别为 93.1%、53.9% 和 96%，均超过了 50%。根据《中华人民共和国反垄断法》第 19 条第 1 款第（1）项的规定，可以推定高通公司在上述基带芯片相关市场具有市场支配地位。

（2）高通公司具有控制相关基带芯片市场的能力。

根据 Strategy Analytics 报告数据，高通公司在基带芯片市场长期处于领先地位。从 2007 年至 2013 年已连续六年稳居全球基带芯片销售第一的位置，占有的市场份额明显高于其他竞争对手。

在 CDMA 基带芯片市场，长期以来只有高通公司和威睿电通（VIA TELECOM）两家公司，而威睿电通 2013 年只占不到 7% 的市场份额；在 LTE 基带芯片市场，2013 年，位居第二的韩国三星电子株式会社占有的市场份额只有 2% 左右。因此，在 CDMA 和 LTE 基带芯片市场，高通公司具有较强的控制市场的能力。

在 WCDMA 基带芯片市场，2013 年联发科（MTK）的市场份额为

15.5%，英特尔为 11.8%，博通公司为 9.3%，均远低于高通公司 53.9% 的市场份额。市场份额第二的联发科近几年所占市场份额有所上升，但竞争力主要体现在中低端市场，且同等规格的基带芯片推出时间远落后于高通公司，其对 WCDMA 基带芯片市场的控制力远低于高通公司。因此，在 WCDMA 基带芯片市场，高通公司具有一定程度控制市场的能力。

（3）主要无线通信终端制造商对高通公司的基带芯片高度依赖。

在全球范围内，高通公司在 CDMA、WCDMA 和 LTE 基带芯片市场均占有最大的市场份额，且基带芯片生产商数量较少，无线通信终端制造商对基带芯片生产商的选择有限，对高通公司高度依赖。同时，由于高通公司生产的基带芯片在技术、功能、品牌等方面具有优势，特别是中高端基带芯片的竞争优势更为明显，无线通信终端制造商为使生产销售的产品更具竞争力，有选择高通公司基带芯片的较强倾向性和偏好，对高通公司的基带芯片具有高度依赖性。

（4）基带芯片市场进入门槛高、难度大。

基带芯片的研发和生产具有较强的技术性，属于技术密集型产业，潜在经营者进入基带芯片市场难度较大，通常会面临研发生产、终端操作系统支持、运营商测试、国家监管部门入网许可、技术出口管制、研发和上市周期长等现实进入门槛。因此，其他经营者进入基带芯片市场并有效参与市场竞争的难度较大。

综上所述，根据《反垄断法》第 18 条的规定，综合分析基带芯片市场的市场结构、竞争状况以及交易对象对高通公司的依赖程度和相关市场进入难易程度等因素，认定高通公司在 CDMA 基带芯片市场、WCDMA 基带芯片市场和 LTE 基带芯片市场均具有市场支配地位。

（二）高通公司涉嫌滥用市场支配地位的行为

1. 高通公司收取不公平的高价专利许可费

（1）对过期无线标准必要专利收取许可费。

国家发改委查明，截至 2014 年 1 月 1 日，在高通公司持有的无线标准必要专利中，有部分相关专利已经过期，且包含一定数量的重要无线标准必要专利。CDMA 技术于 1995 年开始商业应用，高通公司此前申请的很多核心 CDMA 无线标准必要专利已经过期，而高通公司与被许可人签订的 CDMA 和 WCDMA 专利许可协议，均包括相关过期的核心 CDMA 无线标准必要专利。

尽管高通公司不断有新的专利加入到专利组合中，但高通公司未能提供证据证明新增专利价值与过期无线标准必要专利价值相当。同时，高通公司不向被许可人提供专利清单，且与被许可人签订的长期甚至无固定期限的许可协议中约定了一直不变的专利许可费标准。高通公司的过期无线标准必要专利包含在对外许可的专利组合中，被许可人未能获得公平协商的机会以避免向高通公司的过期专利支付许可费。❶

（2）要求被许可人将专利进行免费反向许可。

高通公司在无线标准必要专利许可中，强迫某些被许可人将持有的相关非无线标准必要专利向高通公司进行许可；强迫某些被许可人免费进行反向许可；要求某些被许可人不能就持有的相关专利向高通公司及高通公司的客户主张权利或者提起诉讼。高通公司在某些无线标准必要专利许可谈判中并不实质性地考虑和评估被许可人专利的价值，拒绝向被许可人就反向许可的专利支付合理的对价。

2. 高通公司在无线标准必要专利许可中，没有正当理由搭售非无线标准必要专利许可

无线通信终端制造商必须向无线标准必要专利持有人寻求专利许可，没有其他选择；非无线标准必要专利不是强制实施的专利，无线通信终端制造商可以进行规避设计，或者根据专利技术的优劣及其他因素，在不同的竞争性替代技术中进行自由选择。因此，非无线标准必要专利与无线标准必要专利性质不同、相互独立，分别对外进行许可并不影响上述两种不同专利的应用和价值。

高通公司在进行专利许可时，没有对无线标准必要专利与非无线标准必要专利进行区分，不向被许可人提供专利清单，而是采取设定单一许可费并进行一揽子许可的方式，将持有的非无线标准必要专利进行搭售许可。

综上，在无线标准必要专利许可中搭售非无线标准必要专利许可，高通公司违反了《中华人民共和国反垄断法》第 17 条第 1 款第（5）项关于禁止具有市场支配地位的经营者没有正当理由搭售商品的规定。

---

❶ 陈立彤：《高通反垄断案：单独行为规制的里程碑》，财新网，2015 年 11 月 20 日。

3. 高通公司在基带芯片销售中附加不合理条件

高通公司将签订和不挑战专利许可协议作为被许可人获得高通公司基带芯片的条件。如果潜在被许可人未与高通公司签订包含不合理许可条件的专利许可协议，高通公司则拒绝与该潜在被许可人签订基带芯片销售协议并拒绝向其供应基带芯片；如果已经与高通公司签订专利许可协议的被许可人与高通公司就专利许可协议产生争议并提起诉讼，则高通公司将停止向该被许可人供应基带芯片。

综上，高通公司没有正当理由，在基带芯片销售中附加不合理条件，要求被许可人签订包含不合理条件的专利许可协议，要求被许可人不挑战与高通签订的专利许可协议，违反《中华人民共和国反垄断法》第 17 条第 1 款第（5）项关于禁止具有市场支配地位的经营者在交易时附加不合理交易条件的规定。

（三）国家发改委如何反驳高通公司提出的异议❶

1. 高通公司认为其在 WCDMA 基带芯片市场不具有市场支配地位

高通公司提出：在 WCDMA 基带芯片市场并不具有市场支配地位。按销售量计算，高通公司在 WCDMA 基带芯片市场所占市场份额不到 50%，且 WCDMA 基带芯片市场存在有效的市场竞争。

国家发改委认为：高通公司 WCDMA 基带芯片销售额市场份额相对于销售量市场份额而言，更能体现高通公司在该相关市场的市场力量。2013 年，高通公司 WCDMA 基带芯片销售额市场份额超过 50%、销售量市场份额不到 50%，表明高通公司 WCDMA 基带芯片平均售价高于其他经营者的平均售价，更高的平均售价进一步证明了高通公司在 WCDMA 基带芯片市场具有一定的支配能力。同时，市场份额仅是分析和认定高通公司在 WCDMA 基带芯片市场是否具有市场支配地位的因素之一。因此，高通公司提出的证据不能证明其在 WCDMA 基带芯片市场不具有市场支配地位。

2. 高通公司认为其不存在对过期专利收取专利许可费

高通公司提出：虽然每年都有一些专利到期，但有更大数量的新专利进入到专利包中，不存在对过期专利收取专利许可费的问题。

---

❶ 《中华人民共和国国家发展和改革委员会行政处罚决定书》（发改办价监处罚〔2015〕1 号）。

国家发改委认为：不论高通公司对外许可的专利组合有无变化，以及是否有新的专利不断加入到专利组合中，高通公司进行长期甚至无固定期限许可的同时，不提供专利清单本身都不具有合理性。即使如高通公司主张，不断有新的专利加入到专利组合中，并且总体上专利组合中的专利数量有所增加，但专利组合中的专利数量并不必然反映其价值。因此，高通公司提出的新增专利能够补充过期专利价值的主张不能得到证实。

高通公司对新增加的专利是否为被许可人所必需以及是否具有价值均不予评估和明示，不衡量和分析过期专利和新补充专利的价值对比和变化，而以不断有新专利加入专利组合为由，笼统地对专利组合持续多年收取同样的许可费，实际上模糊了被许可人获得专利许可的具体标的，被许可人需要对高通公司的过期无线标准必要专利继续支付许可费。

国家发改委认为：高通公司应当给予被许可人公平的机会进行协商，避免对过期专利继续收取专利许可费。

3. 高通公司认为其要求专利免费反向许可具有公平性

高通公司提出：免费获得被许可人的专利反向许可具有三方面理由：一是高通公司从被许可人获得专利反向许可是为了保护高通公司的业务及基带芯片客户免受专利侵权的困扰；二是高通公司要求免费反向许可是与被许可人总体价值交换的一部分；三是许多中国被许可人不拥有在实质价值上能够交换的专利组合。

国家发改委认为：高通公司提出的上述理由不成立，要求被许可人进行专利免费反向许可不公平。高通公司向被许可人谋求专利反向许可本身并不违反相关法律，但获得专利反向许可的需求并不是在所有情况下免费获得专利反向许可的理由。

高通公司获得被许可人专利反向许可应当尊重被许可人的创新成果，对被许可人反向许可的专利价值予以考虑，特别是部分中国被许可人同样持有高价值的专利组合。高通公司不能出于保护高通公司业务及基带芯片客户免受专利侵权困扰的考虑，而完全否定中国被许可人所持有专利的价值，利用在无线标准必要专利许可市场和基带芯片市场的支配地位，要求被许可人将持有的相关专利向高通公司及高通公司客户进行免费许可，并限制被许可人就持有的相关专利主张权利或者提起诉讼。

高通公司未能提供有效证据证明，高通公司在专利许可中对某些被许

可人反向许可的专利支付了相应的对价。高通公司提出的免费反向许可是
与被许可人总体价值交换的一部分，缺乏事实和证据支持。因此，根据调
查取得的证据，高通公司提出的主张与事实不符，不能证明高通公司要求
专利免费反向许可具有公平性。

国家发改委认为：高通公司利用在无线标准必要专利许可市场的支配
地位，强迫被许可人向高通公司进行专利免费反向许可，在专利许可费中
不抵扣被许可人反向许可的专利价值或者支付其他对价。

4. 高通公司否认其专利许可费过高

国家发改委查明，在高通公司对外许可的专利组合中，无线标准必要
专利具有核心价值，非无线标准必要专利不必然对所有的无线通信终端具
有价值，无线通信终端制造商不必然需要获得高通公司的非无线标准必要
专利许可。

高通公司的无线标准必要专利主要涉及无线通信技术，而不涉及无线
通信终端的外壳、显示屏、摄像头、麦克风、扬声器、电池、内存和操作
系统等。高通公司在将无线标准必要专利和非无线标准必要专利进行一揽
子许可的同时，以无线通信终端的整机批发净售价作为计算专利许可费的
基础。

由此国家发改委认为：高通公司对外许可的专利组合中包含了具有核
心价值的无线标准必要专利和对被许可人价值并不确定的非无线标准必要
专利。对于被迫接受高通公司一揽子专利许可的被许可人，高通公司在坚
持较高许可费率的同时，以超出高通公司持有的无线标准必要专利覆盖范
围的整机批发净售价作为计费基础，显失公平，导致专利许可费过高。

国家发改委综合分析认为：高通公司直接或者间接地收取了不公平的
高价专利许可费。高通公司要求专利免费反向许可，抑制了被许可人进行
技术创新的动力，阻碍了无线通信技术的创新和发展，排除、限制了无线
通信技术市场的竞争。同时，要求专利免费反向许可使高通公司相对其他
基带芯片生产商获得了不正当的竞争优势，无线通信终端制造商采购其他
基带芯片生产商的产品将会负担更高的知识产权成本，削弱了其他基带芯
片生产商竞争力，损害了市场竞争。高通公司收取不公平高价专利许可费
增加了无线通信终端制造商的成本，并最终传导到消费终端，损害了消费
者的利益。

5. 高通公司认为其搭售非无线标准必要专利许可行为具有合理性

高通公司提出：搭售非无线标准必要专利许可行为的合理性存在三个方面的理由：一是高通公司提供了单独许可无线标准必要专利的选择，被许可人大多自主选择整体的专利组合；二是无线标准必要专利和非无线标准必要专利很难区分，被许可人只获得无线标准必要专利许可，可能面临诉讼风险；三是搭售非无线标准必要专利许可不会限制市场竞争，被许可人同样可以选择竞争者的技术。

国家发改委认为：高通公司提出的上述理由不成立，在无线标准必要专利许可中搭售非无线标准必要专利许可没有正当理由。根据众多被许可人提供的证据材料，高通公司所称一直提供单独许可无线标准必要专利的选择与事实不符。

尽管一些被许可人可能会主动选择寻求高通公司整体专利组合许可，但部分被许可人为了获得高通公司无线标准必要专利许可而不得不接受非无线标准必要专利许可。被许可人是否与高通公司签订一揽子专利许可协议，应当在高通公司提供无线标准必要专利和非无线标准必要专利清单的前提下，由被许可人自主做出选择。高通公司一直拒绝向被许可人提供专利清单，并通常不向被许可人提供只包含无线标准必要专利的许可要约。

无线标准必要专利与非无线标准必要专利可以进行区分并分别进行许可，并且通过合同条款在许可协议中对标准必要专利的范围进行界定是一种惯常做法。即使分别提供无线标准必要专利与非无线标准必要专利许可要约需要一定的成本，并可能增加专利许可谈判的复杂性，但这不能构成将与无线标准必要专利性质不同的非无线标准必要专利进行搭售许可的合理理由。

6. 高通公司认为搭售非无线标准必要专利许可存在正当理由

国家发改委认为：高通公司利用在无线标准必要专利许可市场的支配地位，在无线标准必要专利许可中没有正当理由搭售非无线标准必要专利许可。对于非无线标准必要专利，被许可人本可以考量包括侵权和诉讼风险在内的各种因素，自由决定是否寻求以及向哪个专利权人寻求获得许可。

由于高通公司强制搭售非无线标准必要专利许可，被许可人必须从高通公司获得非无线标准必要专利许可并支付许可费，理性的被许可人通常不会额外承担费用进行规避设计或者寻求替代性技术。这使得与高通公司持有的非无线标准必要专利具有竞争关系的其他替代性技术失去了参与竞争的机会和可能，严重排除、限制了相关非无线标准必要专利许可市场的竞争，阻碍、抑制了技术创新，最终损害了消费者的利益。

7. 高通公司认为其签订和不挑战专利许可协议作为向被许可人供应基带芯片行为具有合理性

高通公司提出：高通公司将签订和不挑战专利许可协议作为向被许可人供应基带芯片行为具有合理性。

国家发改委则认为：无线通信终端制造商使用高通公司的无线标准必要专利应当支付公平、合理的专利许可费，但高通公司在专利许可要约中包含了过期专利收费、要求被许可人进行专利免费反向许可、没有正当理由搭售非无线标准必要专利许可等不合理条件，利用在基带芯片市场的支配地位，以不供应基带芯片相要挟，强迫潜在被许可人签订包含不合理条件的专利许可协议，因此该行为不具有合理性。

同时，被许可人与高通公司就专利许可协议产生争议并提起诉讼是被许可人的权利，而高通公司基于在基带芯片市场的支配地位，在基带芯片销售中附加不挑战专利许可协议的不合理条件，实质上限制甚至剥夺了被许可人的上述权利，将不挑战专利许可协议作为高通公司向被许可人供应基带芯片的前提条件，没有正当理由。

国家发改委同时认为：由于高通公司在基带芯片市场具有支配地位，潜在的和实际的被许可人对高通公司的基带芯片高度依赖，如果高通公司拒绝提供基带芯片，则潜在的或者实际的被许可人可能无法进入或者必须退出相关市场，无法有效参与市场竞争。高通公司利用在基带芯片市场的支配地位，要求潜在被许可人签订包含不合理条件的许可协议，限制被许可人就专利许可协议提出争议和提起诉讼的权利，将不接受高通公司不合理专利许可条件的潜在的或者实际的被许可人排挤出市场，实质上排除、限制了市场竞争。

（四）案件处理结果

国家发改委明确了高通公司的市场支配地位以及认定其滥用了自身市场支配的行为后，依据《反垄断法》对其进了行政处罚。

1. 责令高通公司整改

针对高通公司滥用无线标准必要专利和基带芯片市场支配地位的行为，国家发改委提出了具体整改要求：

（1）对在我国境内销售的手机，由按整机售价收取专利费改成按整机售价的 65% 收取专利许可费；

（2）向购买高通公司专利产品的我国企业提供专利清单，并不得再对过期专利收取专利许可费；

（3）不得再要求我国手机生产企业对其进行免费专利反向许可；

（4）不得在专利许可时，再搭售非无线标准必要专利；

（5）不得在销售基带芯片时要求签订一切不合理的协议。

很明显，第（1）、（2）、（3）、（4）条要求是针对上文所述的高通公司滥用自身在无线标准必要专利市场的支配地位，索取不公平的高价、无正当理由搭售商品的行为制定的，依据的是《反垄断法》第 17 条第 1 款第（1）项和第 47 条；第（5）条要求针对的是其滥用自身在基带芯片市场的支配地位，附加不合理销售条件的行为，依据的是《反垄断法》第 17 条第 1 款第（5）项和第 47 条。

2. 对高通公司处 2013 年度销售额 8% 的罚款

国家发改委认为，高通公司滥用市场支配地位行为的性质严重，程度较深，持续时间较长，对高通公司处 60.88 亿元人民币罚款，占高通公司 2013 年度在中国市场销售额 8%，总营收的 3.67%。虽然国家发改委没有按照最严厉的 10% 标准进行处罚，但从绝对数上来看，罚款金额也已创下我国行政罚单历史之最，不可谓不大。

3. 高通公司对行政处罚的态度

在国家发展改革委公布《处罚决定书》的当天，高通即在官网中发布公告："高通将提供一份清单，单独向中国企业授权 3G、4G 必要专利，并与其他专利授权分开进行（即专利授权不捆绑）。作为授权谈判的一部分，如果高通寻求从中国专利持有方获得反向授权，高通将会与专利持有方进行真诚地谈判，提供合理对价。"可见，对于责令整改的处罚，高通公司本身都认为是较为合理和可接受的。《处罚决定书》送达后，高通公司即宣布接受处罚，并且不寻求上诉等其他方法，在 3 天内就将所有罚款缴齐。根据高通公司最近一期财务报表显示，其目前的现金和现金等价物高达 316 亿美元，罚款数额不会对高通公司产生太大压力，长期影响有限。

四、案例启示

（一）高通公司案具有其独特价值

高通公司案的查处，凸显出我国反垄断执法机构深入执法、维护消费者权益、树立执法自信、塑造执法部门公正执法形象的决心和成果。[1] 且高通公司案作为国家发改委查处的滥用知识产权垄断第一大案，释放出了一些崭新的价值意义。

1. 具有国际示范价值

由于知识产权领域先天的独特性，即知识产权天然具有垄断性，而这种垄断性又为各国知识产权法所认可和保护。虽然高通公司的经营模式引起很多国家和企业的不满，韩国、日本、欧盟也纷纷对其进行了反垄断调查，但如何判定高通公司在知识产权专利市场上的垄断究竟是合法还是违法，始终是一个巨大难题。各国的调查多以无疾而终。我国反垄断执法机构对高通的判罚无疑对其他国家相关垄断案件的认定、处罚，具有很强的判例和示范作用。

2. 体现出依法处罚与权益保护并重的反垄断理念

《处罚决定书》是国家发改委于 2015 年 2 月 9 日做出的，而其公布却在 20 多天后。这不是国家发改委不愿或怠于公布，而是如果原封不动的公布，会把高通公司的许多商业秘密也公之于世，极大伤害到高通公司应有的合法权益。国家发改委价监局高通案律师团队成员、大成律师事务所律师邓志松披露，推迟公布就是要在保护高通公司商业秘密与保证公众知情权、看懂权之间，留足时间做好相关删减、修改和完善工作，真正做到了执法事前、事中、事后全程有效保护企业正当权益。这表明：打击反垄断行为与保护经营者合法权益并行不悖，反垄断执法机构保护健康市场秩序的决心和行动都切实有力。

---

[1] 靳雨露：《中国反垄断第一大案：高通垄断案评析》，载《决策与信息（下旬刊）》2015 年第 12 期，第 34—35 页。

3. 表明我国反垄断执法向高精尖领域推进

我国《反垄断法》实施多年来，国家发改委开展了一系列的反垄断执法，取得了良好的效果。对滥用知识产权的反垄断规制是世界范围内反垄断执法的难点问题，是反垄断执法的高精尖领域。国家发改委此次对高通公司开展调查并依法作出处理，表明我国反垄断执法逐步推向深入，执法机构的执法能力、执法的质量和水平不断提升。高通公司案的调查处理进一步树立了反垄断执法机构的执法权威，体现了我国维护公平有序的市场竞争，为市场主体创造良好竞争环境的决心。我国推进市场经济发展，需要强有力的反垄断执法，保障市场机制发挥配置资源的决定性作用。

4. 进一步明确了对滥用知识产权的规制态度

对高通公司的调查处理，主要针对高通公司滥用标准必要专利许可市场的支配地位，是我国对滥用知识产权进行反垄断执法的第一案，具有里程碑意义。我国《反垄断法》明确规定对滥用知识产权进行反垄断规制，但一直缺乏有影响的执法案例，相关规定一直停留在纸面上。高通公司案的处理引发了广泛的关注，表明了我国在加强保护知识产权的同时，坚决反对有关企业滥用知识产权排除、限制竞争的行为。我国推进创新型国家建设，一方面要加强知识产权保护，鼓励创新；另一方面也要加强对滥用知识产权的反垄断规制，防止知识产权成为谋取不当利益，排除、限制竞争的工具。

（二）高通公司案将推动我国手机产业格局的改变

随着近年来国产手机企业在核心技术上的逐步提升，包括华为、中兴、酷派等在内的厂商都已经积聚了不菲的核心专利数量。统计数据显示，截至 2015 年 2 月 10 日，华为拥有专利总计 41679 项，中兴拥有专利总计 37869 项，酷派拥有 1072 项。❶ 如今，随着专利费率的下降以及免费反向许可的取消，中兴、华为等厂商可以在与高通公司的交叉许可获得更大的折扣或得到合理对价，从而降低成本，进一步推动其自身的技术研发。

收取多少专利许可费用其实并没有一个精确的标准，定价的本质是话语权的博弈。中国的智能手机产业从一开始走的就是一条低价格、低利

---

❶ 国家知识产权局官方网站，http：//www.sipo.gov.cn/。

润、纯制造的道路，没有多少博弈的资本。这些年国内手机厂商在专利积累方面取得了一些进步，但取得的重要核心技术专利不多，还离不开高通公司专利技术。特别是我国手机企业还存在良莠不齐，差异较大，在专利技术引进过程中又各自为政，单打独斗，一些企业为了获得更多的市场份额，只能接受了高通公司的不公平协议。

中国已经是全世界最大、增长最快的智能手机市场，中国智能手机产量占全球手机产量的81%，同时中国市场也是高通最大、最重要的市场。高通公司目前49%的营业收入来自中国，利润率达到60%，可以说中国手机制造业离不开高通公司，但高通公司也同样离不开中国手机市场。高通公司遭受巨额罚款后反而宣布要扩大在我国的经营规模，股价不降反升，就证明了上述判断。而我们却没有将这个巨大的手机市场作为谈判资本发出统一的声音，迫使高通公司降低许可费用。

五、相关法律法规

《中华人民共和国反垄断法》

第十七条 禁止具有市场支配地位的经营者从事下列滥用市场支配地位的行为：

第一款以不公平的高价销售商品或者以不公平的低价购买商品；关于禁止具有市场支配地位的经营者以不公平的高价销售商品的规定。

第五款没有正当理由搭售商品，或者在交易时附加其他不合理的交易条件；

第十八条 认定经营者具有市场支配地位，应当依据下列因素：

（一）该经营者在相关市场的市场份额，以及相关市场的竞争状况；

（二）该经营者控制销售市场或者原材料采购市场的能力；

（三）该经营者的财力和技术条件；

（四）其他经营者对该经营者在交易上的依赖程度；

（五）其他经营者进入相关市场的难易程度；

（六）与认定该经营者市场支配地位有关的其他因素。

第十九条 有下列情形之一的，可以推定经营者具有市场支配地位：

（一）一个经营者在相关市场的市场份额达到二分之一的。

　　第四十七条　经营者违反本法规定，滥用市场支配地位的，由反垄断执法机构责令停止违法行为，没收违法所得，并处上一年度销售额百分之一以上百分之十以下的罚款。

　　第四十九条　对本法第四十六条、第四十七条、第四十八条规定的罚款，反垄断执法机构确定具体罚款数额时，应当考虑违法行为的性质、程度和持续的时间等因素。

可口可乐公司并购汇源果汁案例研究

引 言

　　市场经济是法治经济，经过改革开放 30 多年的洗礼，中国的市场已经在法制的轨道上运行。2009 年 3 月商务部根据《反垄断法》裁定：禁止可口可乐收购汇源。这是《反垄断法》自 2008 年 8 月 1 日实施以来首个未获审查通过的并购案例。这一并购交易在为公众知晓开始，争议就没有停息过。相当多的说法是围绕"国家利益"，要保护"民族品牌"，不能把市场拱手等方面展开的。商务部公布禁止可口可乐收购汇源的决定后，也有一部分人持质疑和反对的态度。引发巨大争议的"可口可乐收购汇源案"并未尘埃落定，通过对这一案例的分析，促使我们对市场经济有更深刻的认识。

一、案情详述

　　2008 年 9 月美国可口可乐公司（Coca – Cola Company，以下简称可口可乐公司）计划以每股 12.2 港元，共计 179.2 亿港元（约 24 亿美元）的价格全面收购在香港上市的中国汇源果汁集团有限公司（以下简称汇源公司），并已取得三个股东签署接受要约不可撤销的承诺。三个股东共占有汇源公司 66% 的股份。该项收购需要经过商务部审批。

　　2008 年 9 月 18 日，可口可乐公司向商务部递交了申报材料。9 月 25 日、10 月 9 日、10 月 16 日和 11 月 19 日，可口可乐公司根据商务部要求对申报材料进行了补充。11 月 20 日，商务部认为可口可乐公司提交的申报材料达到了《反垄断法》第 23 条规定的标准，对此项申报进行立案审查，并通知了可口可乐公司。由于此项集中规模较大、影响复杂，2008 年 12 月 20 日，初步阶段审查工作结束后，商务部决定实施进一步审查，书面通知了可口可乐公司。❶ 在进一步审查过程中，商务部对集中造成的各种影响进行了评估，并于 2009 年 3 月 20 日前完成了审查工作。❷

调查显示：2007 年度，可口可乐公司全球营业额为 288 亿美元。可口可乐公司和汇源公司 2007 年在中国境内的营业额分别为 12 亿美元（约合 91.2 亿元人民币）和 3.4 亿美元（约合 25.9 亿元人民币）。❸

在中国碳酸饮料市场，可口可乐有 45% 的市场份额，位居第一。果汁饮料市场的品牌主要是汇源、康师傅、统一、可口可乐（美汁源）等。汇源是中国果汁行业第一品牌，以果汁产业为主体，在国内市场占有率第一。果汁市场可分为三种：低浓度果汁市场（25% 以下）、中浓度果汁市场（26%～99%）、100% 纯果汁市场。据权威调查机构 AC 尼尔森最新公布的数据，汇源果汁占据了纯果汁 46% 的市场份额，占据中高浓度果汁 39.8% 的市场份额，占据低浓度果汁 6.8% 的市场份额。可口可乐 2007 年在中国果汁市场的份额是 26.07%。

2009 年 3 月 18 日，商务部发布了 2009 年第 22 号公告，决定禁止可口可乐公司收购汇源公司的交易。商务部具体阐述了未通过审查的三个原因：第一，如果收购成功，可口可乐有能力把其在碳酸饮料行业的支配地位传导到果汁行业。第二，如果收购成功，可口可乐对果汁市场的控制力会明显增强，使其他企业没有能力再进入这个市场。第三，如果收购成功，会挤压国内中小企业的生存空间，抑制国内其他企业参与果汁市场的竞争。❹

可口可乐公司背景资料：

可口可乐公司成立于 1892 年，目前总部设在美国佐治亚州亚特兰大

---

❶ 周忠泉：《对可口可乐收购汇源果汁案例的反垄断审查的研究——我国反垄断法经营者集中控制制度的实际应用》，厦门大学硕士学位论文，2009 年。

❷ 赵化建：《企业经营者集中审查制度研究》，苏州大学硕士学位论文，2009 年。

❸ 慕亚平、肖小月：《我国反垄断法中经营者集中审查制度探析》，载《学术研究》2010 年第 4 期，第 69—76 页。

❹ 周克成：商务部反对汇源并购案三大理由无一成立，http://view.news.qq.com/a/20090319/000007.htm。

市，是全球最大的饮料公司，拥有全球48%市场占有率。❶ 可口可乐公司在200个国家拥有160种饮料品牌，包括汽水、运动饮料、乳类饮品、果汁、茶和咖啡，亦是全球最大的果汁饮料经销商（包括Minute Maid品牌）。

汇源公司背景资料：

汇源公司成立于1992年，2007年在开曼群岛注册，股票在香港联交所成功挂牌上市。汇源公司经过20余年的发展，在全国各地成立了140多个经营实体，链接了1000多万亩优质林果、蔬菜、粮食、畜禽等种植养殖基地，建立了基本遍布全国的销售网络，构建了农工商紧密结合、一二三产业互相支撑的全国性农业产业化经营体系。❷ 以果汁产业为主体，形成了汇源果汁、汇源果业、汇源农业互相促进、共同发展的产业格局。

二、关键法律问题的提出

1. 可口可乐公司对汇源公司的并购行为的性质
2. 该并购交易接受哪些审查
3. 本案经历的反垄断审查的程序

三、案例分析研究

（一）可口可乐公司对汇源公司的并购行为的性质

本案中，可口可乐公司向汇源公司发出要约，中国汇源果汁控股有限公司等汇源公司大股东接受此项邀约，要约内容是可口可乐拟以每股12.2港元的价格收购汇源公司大约66%的股份及全部未行使可转换债券及期权。❸ 此项收购是股权并购。

---

❶ 陈玲：《可口可乐公司品牌本土人化战略探析》，载《对外经贸实务》2010年第8期，第75—77页。

❷ 尹霖：《我国家族企业内控体系研究——以汇源果汁公司为例》，山东财经大学硕士学位论文，2014年。

❸ 李源、郑敏：《信息安全企业的文化营销实践》，载《现代企业文化》2008年第32期，第68—70页。

资产并购和股权并购是公司并购的两种基本形式。资产并购是指投资人通过购买目标公司有价值的资产（如不动产、无形资产、机器设备等）并运营该资产，从而获得目标公司的利润创造能力，实现与股权并购类似的效果。股权并购是指并购方通过协议购买目标企业的股权或认购目标企业增资的方式，成为目标企业股东，进而达到参与、控制目标企业的目的。❶

公司并购并非一个单纯的法律概念，其内涵十分广泛，学术界和企业界对于公司以取得或转移公司控股权为目的的经济行为统称为公司并购。广义而言，包括公司合并，营业受让、股份取得、资本合作及营业合作等；狭义指公司合并、营业受让、股份取得三种。

有关公司并购涉及的法律包括《公司法》《证券法》《反垄断》法等。

公司之间实施并购的目的可以是多方面的。公司并购可以产生规模经济，提高生产效率，从而提升职工福利；也可能排挤其他竞争者，造成不公平竞争。❷ 公司并购显然具有实现经营者集中的潜力，但是并不必然导致《反垄断法》中所谓的经营者集中。因此需要设置一种机制，判断在这一并购中是否会产生导致经营者集中从而形成垄断的局面，这种机制就是我国《反垄断法》中规定的申报制度。这项制度解决了两个问题，一是该项交易是否需要经过申报审查，二是明确审查的内容及标准。此并购案的经营者规模已经达到《反垄断法》规定的审查标准，应当受到反垄断行政执法机构的审查。

（二）该并购交易接受哪些审查

世界各国为促进市场竞争、维护优化资源配置的市场机制、保护消费者权益，在反垄断法中创制经营者集中的审查制度，经营者集中审查制度与禁止垄断协议、禁止滥用市场支配地位共同构成现代意义反垄断法的三大支柱。❸ 经营者集中审查制度要求达到一定规模的经营者集中必须事先

---

❶ 张一：《我国国有企业境外并购法律风险研究——以收购阶段为视角》，云南财经大学硕士学位论文，2013 年。

❷ 荣小芳：《公司并购若干法律问题的思考——并购与经营者集中的博弈》，载《法制与社会》2009 年第 29 期，第 2 页。

❸ 苏梁：《我国反垄断法下的经营者集中审查实体标准研究》，烟台大学硕士学位论文，2009 年。

向反垄断法执法机构进行申报，未申报的不得实施集中。

1. 达到一定规模的经营者集中需要申报

根据《国务院关于经营者集中申报标准的规定》达到一定规模的经营者集中是指：（1）参与集中的所有经营者上一年度在全球范围内的营业额合计超过 100 亿元人民币，并且其中至少两个经营者上一年度在中国境内的营业额均超过 4 亿元人民币；（2）参与集中的所有经营者上一年度在中国境内的营业额合计超过 20 亿元人民币，并且其中至少两个经营者上一年度在中国境内的营业额均超过 4 亿元人民币。❶ 但是经营者集中有下列情形之一的，可以不向国务院反垄断执法机构申报：（1）参与集中的一个经营者拥有其他每个经营者 50% 以上有表决权的股份或者资产的；（2）参与集中的每个经营者 50% 以上有表决权的股份或者资产被同一个未参与集中的经营者拥有的。❷

根据资料可口可乐公司和汇源公司 2007 年在中国境内的营业额分别为 12 亿美元（约合 91.2 亿元人民币）和 3.4 亿美元（约合 25.9 亿元人民币），分别超过 4 亿元人民币，并且全球合计营业额在上一年度超过了 200 亿元人民币，中国合计营业额达到了 20 亿元人民币，达到并超过了《国务院关于经营者集中申报标准的规定》的申报标准，因此此项并购必须接受相关审查。❸

2. 对该并购案的审查内容

我国反垄断行政执法机构商务部根据《反垄断法》规定，对本案从六个方面予以考虑：（1）参与集中的经营者在相关市场的市场份额及其对市场的控制力；（2）相关市场的市场集中度；（3）经营者集中对市场进入、技术进步的影响；（4）经营者集中对消费者和其他有关经营者的影响；（5）经营者集中对国民经济发展的影响；（6）国务院反垄断执法机构认为应当考虑的影响市场竞争的其他因素。

首先是相关市场的界定，这是一个非常复杂的问题。通过考察发现并没有一套完善的方法理论，几乎所有的方法都是近似的方法，所以在以下

---

❶ 蔡峻峰：《要事先审查》，载《经营者（汽车商业评论）》2014 年第 10 期，第 1 页。
❷ 韩灵丽：《浙江省高等教育重点教材——经济法学》，浙江人民出版社 2007 年版。
❸ 商务部新闻发言人姚坚就可口可乐公司收购汇源公司反垄断审查决定答记者问中华人民共和国商务部网站，http://www.mofcom.gov.cn/article/ae/ai/200903/20090306123715。

的论述中对于相关市场的界定往往只能界定成相对合理的市场。❶

我国《反垄断法》第 12 条规定，相关市场是指经营者在一定时期内就特定商品或者服务进行竞争的商品范围和地域范围。抽象来说我国《反垄断法》认定相关市场是根据产品市场和地域市场两个方面来判定的。《国务院反垄断委员会关于相关市场界定的指南》中对产品市场和地域市场进行了解释，产品市场是根据商品的特性、用途及价格等因素由需求者认为具有较为紧密替代关系的一组或一类商品所构成的市场，而地域市场是指需求者获取具有较为紧密替代关系的商品的地理区域。❷

基于前文论述，在本案中，"相关市场"需要界定相关商品市场和相关地域市场。无论可口可乐公司还是汇源公司，其地域市场是整个中国大陆地区，所以在界定产品地域市场上是没有疑问的。那么界定相关市场的关键点在于本案的产品市场如何界定。

本案中集中体现的是产品市场界定中的"果汁市场"和"饮料市场"之争。商务部认定本案的相关产品市场是"果汁市场"，其因有二。

一是基于产品市场界定标准。"果汁市场"与"饮料市场"的价格虽然差别并不大，但是果汁饮料有独特补充人体维生素等功能，这并不是一般饮料所能取代的。有调查显示，果汁消费者中，女性比例为 65.1%，男性为 34.9%，女性的比例大大高于男性，而喜欢碳酸饮料的多数是男性，由此可知果汁饮料与一般饮料的消费群体是存在显著差异的。正因消费者偏好的存在，即使可口可乐公司收购汇源公司后，也并不见得由于其强大的市场控制力而改变消费群体以及消费者的偏好。

二是市场占有率。据媒体援引市场调研公司的数据，2008 年 9 月汇源公司在中国纯果汁市场占有 46% 的市场份额，中浓度果汁也占到 39.8% 的市场份额，是毫无争议的行业龙头，可口可乐公司旗下的果汁子品牌占有 25.3%，位居第二。两者若合并，将占市场份额 70% 以上，将对统一等其他企业形成很大的竞争压力。而"相关市场的市场集中度"是考虑的第二大因素，第三、四、五因素分别是"经营者集中对市场进入、技术进步的

---

❶ 付丽莎、金泳锋：《对反垄断法中"相关市场"界定的思考——可口可乐收购汇源案评析》，载《科技与法律》2010 年第 2 期，第 33—36 页。

❷ 付丽莎、金泳锋：《对反垄断法中"相关市场"界定的思考——可口可乐收购汇源案评析》，载《科技与法律》2010 年第 2 期，第 33—36 页。

影响"，"对消费者和其他有关经营者的影响"及"对国民经济发展的影响"。果汁饮料与纯净水、碳酸饮料等其他饮料不同，还涉及上游果农的利益，由于果树的生长有周期、农时、丰歉等诸多因素，目前都是卖方市场，渠道和加工企业对上游供应商（特别是分散的农业小生产者）有决定性影响力，有可能出现上海早几年即已出现的大卖场被外资主导之后对炒货行业等上游供货商企业滥用市场支配地位的情形。考虑到我国大豆加工企业全面被外资攻陷之后我国大豆进口扩大，本土大豆种植陷入绝境的先例，农业部门也应慎重研究此项交易对上游果农可能造成的影响。❶

（三）本案经历的反垄断审查的程序

我国反垄断执法机构对经营者集中的申报审查要经过两个阶段。

第一阶段是初步审查。反垄断执法机构应当自收到经营者提交的符合规定的文件、资料之日起30日内，对申报的经营者集中进行初步审查，作出是否实施进一步审查的决定，并书面通知经营者。❷反垄断执法机构作出决定前，经营者不得实施集中。反垄断执法机构作出不实施进一步审查的决定或者逾期未作出决定的，经营者可以实施集中；如果反垄断执法机构决定实施进一步审查的，则进入第二阶段审查。

第二阶段是实质审查阶段。此阶段审查应当自执法机构作出实施进一步审查决定之日起90日内完毕，并作出是否禁止经营者集中的决定，书面通知经营者。

有下列情形之一的，国务院反垄断执法机构经书面通知经营者，可以延长前款规定的审查期限，但最长不得超过60日：（1）经营者同意延长审查期限的；（2）经营者提交的文件、资料不准确，需要进一步核实的；（3）经营者申报后有关情况发生重大变化的。

审查期间，经营者不得实施集中。国务院反垄断执法机构逾期未作出决定的，经营者可以实施集中。

经过审查，若国务院反垄断执法机构作出禁止经营者集中的决定，应当说明理由。审查决定的类型有：①禁止集中决定；②不予禁止集中决

---

❶ 张楠楠：《外资并购境内企业的反垄断审查标准研究》，首都经济贸易大学硕士学位论文，2009年。

❷ 王晓晔：《〈中华人民共和国反垄断法〉中经营者集中的评析》，载《法学杂志》2008年第1期，第2—7页。

定；③附条件的不予禁止决定。对于禁止集中决定和附条件的不予禁止决定，国务院反垄断执法机构应当及时向社会公布。

对本并购交易经过初步审查和实质审查，商务部在规定的法定时间内完成审查，最终作出禁止集中的决定。

四、案件启示

(一) 产业安全问题应纳入反垄断视野

可口可乐并购汇源公司案是我国《反垄断法》颁行后第一个未获商务部批准的案件，[1] 该案是中国食品及饮料业有史以来的最大并购交易，也是适用中国《反垄断法》的第一个外资并购案件，因此具有较强的理论研究和实践探讨价值。商务部否决这一并购案例，其意义不在于汇源公司自身的发展，而是宣告反垄断法真正进入跨国公司的视野。商务部经审查认定这项收购案将对竞争产生不利影响。收购完成后，可口可乐公司可能将其在碳酸软饮料市场的支配地位传到果汁饮料，有挤压国内中小型果汁企业生存空间，抑制了国内企业在果汁饮料市场参与竞争和自主创新的能力，给中国果汁饮料市场有效竞争格局造成不良影响，不利于中国果汁行业的持续健康发展。更为重要的是，虽然果汁饮料市场并不涉及国家经济安全，但是由于其产业的特殊性，涉及供应链末端大量农户的利益，产业链下端的弱势果农的利益至关重要，与国计民生有关。否决"可口可乐收购汇源"将成为《反垄断法》实施的一个里程碑，其中也暗示了产业安全将成反垄断审查的考虑内容，加强产业安全监测预警，建立龙头企业数据直报系统和外资并购案例库，分析、判断产业发展走势，关注产业集中度变化，及时发布预警信息等方面应当纳入反垄断措施框架中。

(二) 反垄断法律体系在实施过程中不断完善发展

自《反垄断法》由第十届全国人民代表大会常务委员会第二十九次会议 2007 年 8 月 30 日通过，2008 年 8 月 1 日起施行以来，相关的规定和办法也在不断的补充和完善中，并逐步建立了反垄断法律法规体系。主要法

---

[1] 李露：《理性看待中国外资并购与反垄断法——可口可乐并购汇源案的思考》，载《东方企业文化》2010 年第 12 期，第 245—246 页。

规包括：《国务院关于经营者集中申报标准的规定》经 2008 年 8 月 1 日国务院第 20 次常务会议通过，自公布之日起施行；《国务院反垄断委员会关于相关市场界定的指南》于 2009 年 5 月 24 日施行；《经营者集中审查办法》已经 2009 年 7 月 15 日商务部第 26 次部务会议审议通过，自 2010 年 1 月 1 日起施行；《经营者集中申报办法》已经 2009 年 7 月 15 日商务部第 26 次部务会议审议通过，自 2010 年 1 月 1 日起施行。商务部制定了《关于评估经营者集中竞争影响的暂行规定》。自 2011 年 9 月 5 日起施行。中华人民共和国商务部令 2011 年第 6 号《未依法申报经营者集中调查处理暂行办法》，自 2012 年 2 月 1 日施行；商务部制定了《关于经营者集中简易案件适用标准的暂行规定》。自 2014 年 2 月 12 日起施行；2014 年 6 月 8 日，商务部反垄断局对其于 2009 年 1 月 5 日公布的《关于经营者集中申报的指导意见》进行了修订，现予以公布，供经营者参考；《关于经营者集中附加限制性条件的规定（试行）》已经 2014 年 9 月 30 日商务部第 29 次部务会议审议通过，自 2015 年 1 月 5 日起施行。这些法律法规的不断完善，为我国反垄断工作的顺利开展，提供了更加具体可行的依据。

根据商务部反垄断局发布的公告，据统计显示，自 2008 年 8 月 1 日《反垄断法》实施以来至 2017 年 6 月 30 日，反垄断局共审结经营者集中案件 1806 件，其中无条件批准 1775 件，29 件经营者集中案件因采用附加限制性条件而获得批准，只对两起案件做出了直接禁止集中的决定。分析这 29 件采用附加限制性条件批准的案件的公告，发现纯粹使用行为性条件的有 16 件，使用综合性条件的有 11 件，而纯粹使用结构性条件的只有 2 件。另外，2015 年之前附加限制性条件批准的经营者集中的案件中，使用业务剥离这一结构性条件的案件较少，较多的都是对行为的一些限制。但是自 2015 年 1 月 1 日至 2017 年 6 月 30 日，商务部反垄断局共审结经营者集中案件 816 件，其中无条件批准 811 件，5 件经营者集中案件因采用附加限制性条件而获得批准，其中 4 件使用了结构性条件，而只有 1 件使用了行为性条件。

自我国《反垄断法》实施以来，附加限制性条件已经成为消除经营者集中对市场竞争产生不利影响的主要方式，因此，经营者集中当事人提出合理、有效的限制性条件对经营者成功实施集中具有非常重要的作用，同时对防止集中限制、排除竞争具有重要意义。

五、相关法律法规

（一）《中华人民共和国反垄断法》

第二十条 经营者集中是指下列情形：

（一）经营者合并；

（二）经营者通过取得股权或者资产的方式取得对其他经营者的控制权；

（三）经营者通过合同等方式取得对其他经营者的控制权或者能够对其他经营者施加决定性影响。

第二十一条 经营者集中达到国务院规定的申报标准的，经营者应当事先向国务院反垄断执法机构申报，未申报的不得实施集中。

第二十五条 国务院反垄断执法机构应当自收到经营者提交的符合本法第二十三条规定的文件、资料之日起三十日内，对申报的经营者集中进行初步审查，作出是否实施进一步审查的决定，并书面通知经营者。国务院反垄断执法机构作出决定前，经营者不得实施集中。

第二十七条 审查经营者集中，应当考虑下列因素：

（一）参与集中的经营者在相关市场的市场份额及其对市场的控制力；

（二）相关市场的市场集中度；

（三）经营者集中对市场进入、技术进步的影响；

（四）经营者集中对消费者和其他有关经营者的影响；

（五）经营者集中对国民经济发展的影响；

（六）国务院反垄断执法机构认为应当考虑的影响市场竞争的其他因素。

（二）《国务院关于经营者集中申报标准的规定》

第三条 经营者集中达到下列标准之一的，经营者应当事先向国务院商务主管部门申报，未申报的不得实施集中：

（一）参与集中的所有经营者上一会计年度在全球范围内的营业额合计超过 100 亿元人民币，并且其中至少两个经营者上一会计年度在中国境内的营业额均超过 4 亿元人民币；

（二）参与集中的所有经营者上一会计年度在中国境内的营业额合计超过 20 亿元人民币，并且其中至少两个经营者上一会计年度在中国境内的营业额均超过 4 亿元人民币。

营业额的计算，应当考虑银行、保险、证券、期货等特殊行业、领域的实际情况，具体办法由国务院商务主管部门会同国务院有关部门制定。

（三）《经营者集中申报办法》

第三条 本办法所称经营者集中，系指《反垄断法》第二十条所规定的下列情形：

（一）经营者合并；

（二）经营者通过取得股权或者资产的方式取得对其他经营者的控制权；

（三）经营者通过合同等方式取得对其他经营者的控制权或者能够对其他经营者施加决定性影响。

第四条 营业额包括相关经营者上一会计年度内销售产品和提供服务所获得的收入，扣除相关税金及其附加。

第十一条 第三条所称"在中国境内"是指经营者提供产品或服务的买方所在地在中国境内。

百威英博公司收购南非米勒案例研究

引　言

　　经营者集中是经营者通过合并、资产购买、人事安排等方式进行竞争的一种重要方式。在社会主义市场经济体制下，经营者集中一方面可以发挥规模经济的优势，另一方面也会产生或加强参与集中的经营者的市场支配地位，从而可能会产生排除、限制竞争的市场垄断后果。商务部在进行反垄断审查的实践中，不断完善《反垄断法》的相关条款，在经营者集中方面灵活应对市场需求和规律，在保护市场竞争秩序的同时充分尊重经营者的自由发展。2016 年 7 月 29 日，商务部对具有排除、限制竞争后果的百威英博公司收购南非米勒案作出了附条件批准公告。该公告内容体现了我国反垄断执法部门技术操作和专业水平的提高，也反映了我国在反垄断审查过程中为经营者的经营行为提供更加宽松的发展空间的趋势。本案例研究主要针对此案参与集中的经营者、反垄断审查经过以及竞争分析进行详细论述。

一、案情详述

（一）基本情况

　　2008 年 11 月，英博集团公司（INBEV N. V. ∕S. A.）收购 AB 公司（Anheuser – Busch Companies Inc.）❶，商务部对此项并购进行了反垄断审查，并作出不予禁止的决定。但由于此项并购规模巨大，合并后新企业市场份额较大，竞争实力明显增强，为了减少可能对中国啤酒未来市场竞争

---

　　❶ 收购合并，更名为百威英博啤酒集团，简称百威英博。

产生的不利影响，商务部对审查决定附加了四个限制性条件❶，其中第四项为：不得寻求持有华润雪花啤酒（中国）有限公司和北京燕京啤酒有限公司的股份。

英国南非米勒酿酒公司（SAB Miller，以下称南非米勒）于 1895 年成立于英国萨里郡，是伦敦证券交易所和约翰内斯堡证券交易所的上市公司，主要经营产品为啤酒、其他酒精饮料和软饮料等。南非米勒于 1994 年通过与华润啤酒有限公司（以下称华润啤酒）成立合资企业——华润雪花啤酒有限公司（以下称华润雪花）进入中国市场，并持有华润雪花 49% 的股权。除持有华润雪花股权外，南非米勒还在中国销售少量的麦芽酒。

（二）合并交易进展

2015 年 11 月 11 日，百威英博通过与南非米勒签订《收购协议》，以约合 1055 亿美元收购南非米勒的全部股权。❷ 百威英博是全球最大的啤酒公司，2014 年销售份额占全球市场份额的 20.8%；而南非米勒在世界啤酒公司排名第二，2014 年全球市场份额达到 9.7%。这一并购交易将使百威英博获得全球啤酒市场将近 1/3 的份额，啤酒销量将是实力与其最为接近的竞争对手喜力（Heineken）的两倍。因此，此项合并交易将面临各国的反垄断审查。

2015 年 12 月 8 日，百威英博向中国商务部进行了申报前商谈。2016 年 3 月 2 日，华润啤酒（00291. HK）公告称，拟以 16 亿美元收购南非米勒所持有的 49% 华润雪花啤酒股权。同年 3 月 14 日，考虑到此项合并交易在中国啤酒市场上可能会产生排除、限制竞争的效果及商务部 2008 年第 95 号公告规定的相关要求，百威英博向商务部提交了对本案限制性条件建议及其与华润啤酒签订的《买卖协议》（以下称《协议》）❸。3 月 29 日，商务部确认百威英博的申报材料符合《反垄断法》第 23 条的要求，对此

---

❶　前三项附限制性条件为：1. 不得增加 AB 公司在青岛啤酒股份有限公司现有 27% 的持股比例；2. 如果英博公司的控股股东或控股股东的股东发生变化，必须及时通报商务部；3. 不得增加英博公司在珠江啤酒股份有限公司现有 28.56% 的持股比例。参见：中华人民共和国商务部公告〔2008〕第 95 号。

❷　数据参引：白酒招商网，www. tangjiu. com。

❸　根据《协议》规定：百威英博与南非米勒交易完成后，百威英博将促使南非米勒将其持有的华润雪花 49% 股权出售给华润啤酒。

项经营者集中申报予以立案并进行初步审查。4 月 27 日，商务部决定对此项经营者集中实施进一步审查。7 月 29 日，商务部发布了 2016 年第 38 号公告，认为此项经营者集中对相关市场具有排除、限制竞争的效果，但百威英博和南非米勒提交的附限制性条件的最终方案和《协议》可以消除集中具有的排除、限制竞争效果，商务部决定附加限制性条件批准此项集中❶。

二、关键法律问题的提出

1. 相关市场的界定
2. "经营者集中"的竞争影响分析
3. 附条件批准的法律依据
4. 先行修正原则和买家前置原则的引用

三、案例分析研究

（一）相关市场的界定

相关市场是指同类产品或者替代产品竞争所存在的一定的时间范围和空间范围。❷ 由于经营者的营业额是既定的，相关市场范围较宽，则企业产品的市场占有率相对偏低；反之如果相关市场范围较窄，则企业产品的市场占有率相对偏高。在经营者集中规制时，界定相关市场及计算参与集中的经营者在相关市场中的市场份额是第一步，因为只有明确了相关市场的范围，才有可能测算相关市场的市场集中度。

一般认为，反垄断法上的相关市场包括相关产品市场、相关地域市场和相关时间市场三个维度。由于商务部主要对参与集中的经营者上一年度的营业额进行分析，所以对百威英博收购南非米勒股权案进行经营者集中

---

❶ 附条件内容具体为：①剥离南非米勒持有的华润雪花 49% 股权；②严格按照百威英博向商务部提交的《协议》向华润啤酒出售华润雪花 49% 股权；③确保剥离于百威英博收购南非米勒股权交易完成后 24 小时内完成。自公告之日起至剥离完成，严格遵守商务部《关于经营者集中附加限制性条件的规定（试行）》第 20 条规定，确保剥离股权的存续性、竞争性和可销售性。

❷ 孟庆瑜：《我国经济法的理论实践与创新》，中国人民公安大学出版社 2006 年版。

反垄断审查时，主要从相关产品市场和相关地域市场这两个方面来界定参与集中的经营者的相关市场。

相关产品市场是指能够与某种产品发生竞争关系的同类产品或替代商品市场。在本案中，百威英博和南非米勒主要从事啤酒的生产和销售，所以应以啤酒为特定产品寻找能与其发生竞争关系的同类或替代商品。由于啤酒在原料、制作过程、酒精浓度及消费者偏好等方面与白酒、葡萄酒等其他酒类差异显著，因此将啤酒界定为独立的相关产品市场❶。

相关地域市场是指消费者能够有效地选择各类竞争产品，供应上能够有效地供应产品的一定区域。其考察的是同一产品在空间上的可替代性，而影响相关地域市场界定的因素主要有区域间交易障碍和产品本身的性质。由于啤酒的价格相对较低而运输成本较高，啤酒生产商通常根据省份布局生产厂然后安排分销，不同的啤酒品牌主要在省级区域内展开竞争。因此商务部将中国各省级行政区域作为啤酒的相关地域市场，在进行审核此项经营者集中的过程中重点考察了百威英博和南非米勒存在横向重叠的24个省级行政区。❷

（二）"经营者集中"的竞争影响分析

1. 经营者集中概述

经营者集中是指一个或多个经营者通过合并、取得资产或股份等方式直接或间接控制另一个或多个经营者，从而有效地、持久地消除参与集中的企业之间的竞争，并引起市场结构持久变化的行为。根据经济学中的产业组织理论，经营者集中能够产生效率，有利于形成规模经济，但与此同时也可能形成垄断。基于此，各国在鼓励经营者集中优化产业组织与产业结构的同时，也对经营者的集中行为进行规制，并对经营者集中普遍不适用本身违法原则，而是适用合理原则。

对于经营者集中，美国适用的是实质减少竞争标准，欧共体适用的是严重妨碍有效竞争标准，而我国为了顺应经营者集中规制的国际发展趋势，适用的主要标准为"排除、限制竞争效果"。即在审查经营者集中是

---

❶　在该市场存在不同价格档次的啤酒，按照业界习惯，通常以5元/500毫升作为分界点，将啤酒进一步细分为大众化啤酒和中高档啤酒。

❷　由于现代基础设施的不断完善和交通便利性的不断提高，啤酒销售也出现了较多跨省、跨区域销售的情形，尤其是中高档啤酒，因此商务部也对全国范围内的啤酒市场一并进行了考察。

否具有或可能具有"排除、限制竞争效果"时,《反垄断法》规定应当考虑以下因素:(1)参与集中的经营者在相关市场的市场份额及其对市场的控制力;(2)相关市场的市场集中度;(3)经营者集中对市场进入、技术进步的影响;(4)经营者集中对消费者和其他有关经营者的影响;(5)经营者集中对国民经济发展的影响;(6)国务院反垄断法执法机构认为应当考虑的影响市场竞争的其他因素。

2. 本案的经营者集中分析

由于百威英博是在 2015 年 12 月 8 日向商务部进行了申报前商谈,所以商务部对此项经营者集中应根据该经营者的上一年度的经营状况进行竞争分析。

从 2014 年啤酒销售量来看,排名前五位的市场竞争者依次为华润雪花、青岛啤酒、百威英博、燕京啤酒和嘉士伯,其合计市场份额达 80% 左右;其中华润雪花和百威英博合计市场份额达 43%。❶ 在中国大众化啤酒市场,百威英博和华润雪花的市场份额排名分别为第三和第一,合计市场份额达 41%,而青岛啤酒、燕京啤酒和嘉士伯的市场份额分别为 21%、13% 和 5%。❷ 在中国中高档啤酒市场,百威英博和华润雪花的市场份额排名分别为第一和第二,合计市场份额达 52%,而青岛啤酒、嘉士伯和喜力啤酒的市场份额分别为 13%、8% 和 7%。

基于以上数据分析可以得出:

(1)如果百威英博收购南非米勒成功,其将取代南非米勒成为华润雪花的股东,并持有 49% 华润雪花股权,与华润啤酒形成对华润雪花的共同控制。但在中国啤酒市场由于竞争者数量有限且集中度较高,交易完成后百威英博与华润啤酒有能力也有动机对双方在中国的销售渠道和客户关系等重要资源进行重新整合从而控制啤酒销售渠道。这将使得百威英博在相关市场的控制力进一步加强,从而可能会排挤其他竞争者的啤酒产品,提高啤酒销售渠道的进入壁垒,使其他经营者进入相关市场更加困难。

(2)无论中国大众化啤酒市场还是中高端啤酒市场,百威英博和华润

---

❶ 百威英博和华润雪花在天津、辽宁、黑龙江、吉林、贵州、浙江、安徽 7 省市的合计市场份额超过 70%;在四川、江苏、山西、福建 4 省的合计市场份额超过 50%。
❷ 百威英博和华润雪花在天津、安徽、湖南、辽宁、浙江 5 省市的合计市场份额超过 70%;在福建、四川、黑龙江、广东、吉林、上海、江苏、西藏 8 省区的合计市场份额超过 50%。

雪花一直是相关市场最领先且最紧密的竞争对手，双方在啤酒品牌、分销商和消费者等方面进行激烈竞争，而交易将导致竞争减少。

（3）大多数啤酒经销商规模较小、经销范围有限，对啤酒生产商的议价能力不强且依赖程度较高。交易完成后，由于百威英博和华润雪花之间的竞争减少，下游经销商在代理啤酒销售时的谈判地位更弱，其利益也将因此受到损害。

因此，商务部最终认为百威英博与南非米勒之间的交易将对中国的啤酒市场产生排除、限制竞争的效果，将对中国消费者的利益造成损害。

（三）附条件批准的法律依据

附条件批准经营者集中又被称为"合并救济"，是我国对美国、欧盟反垄断法中合并救济制度的引进，也是经营者集中反垄断法律制度的重要组成部分。具体含义是为了减少经营者集中对竞争产生不利影响，反垄断执法机构对不予禁止的经营者集中附加限制性条件。

中国《反垄断法》第 29 条明确阐明了附加限制条件的一般原则，为使这一原则性条款具有可操作性，商务部于 2009 年 7 月颁布了《经营者集中审查办法》，主要从限制性条件的类型❶、提出方式❷、基本要求❸以及监督机制❹这四个方面对附条件批准经营者集中制度予以补充。

在本案中，商务部虽然根据对相关市场的考察及科学的竞争分析，认定百威英博收购南非米勒将对中国啤酒市场产生减少、排除竞争的影响，但最终还是批准了该项收购。这是由于百威英博和南非米勒提交的限制性条件最终方案和《协议》可以消除此次收购具有的排除、限制竞争效果，因此商务部在批准此项经营者集中时作出了附限制性的条件，即剥离资产、剥离交易以及相关时间要求。这种附结构性限制条件的运用体现了商

---

❶　主要包括剥离资产或业务等结构性条件、开放基础设施等行为性条件以及前两者相结合的综合性条件。具体参见《经营者集中审查办法》第 11 条第 2 款。

❷　申报的经营者提出具体附加条件的集中交易方案，商务部并不主动提出限制性条件，但有权对经营者提出的方案进行修改或建议，并有决定通过权。具体参见《经营者集中审查办法》第 11 条第 1 款、第 13 条。

❸　参与集中的经营者提出的限制性条件应当能够消除或减少经营者集中具有或者可能具有的排除、限制竞争效果，并具有现实的可操作性。具体参见《经营者集中审理办法》第 12 条。

❹　商务部有权对参与集中的经营者履行限制性条件的行为进行监督检查，参与集中的经营者应定期向商务部报告执行情况。具体参见《经营者集中审查办法》第 15 条。

务部在审查经营者集中具体实践中的灵活性。

（四）先行修正原则和买家前置原则的引用

先行修正和买家前置是欧美反垄断执法机构在办理具有反竞争影响的经营者集中案件的过程中所采取的具体措施，其目的主要是为了能够先行采取措施调整集中交易内容，或者事先采取措施确保成功进行资产剥离，以切实提高案件审查效率，消除或减轻经营者集中带来的反竞争影响。❶

先行修正规则是指在经营者集中案件审查过程中，反垄断执法机构做出决定之前，当事方先行对集中交易的内容进行修正，以消除执法机构的不正当竞争关注，避免其进一步审查（美国司法部的做法）或获得其批准（欧委会的做法）。

买家前置规则是一项确保资产剥离能够被适当实施的保障措施。该措施要求剥离义务人必须在找到适格的买家并签署资产出售协议，再经反垄断执法机构认可之后，反垄断执法机构才发布同意令（美国联邦贸易委员会的做法），或允许剥离义务人实施集中（欧委会的做法）。事实上找到适格的买家、签署资产出售协议并经反垄断执法机构认可属于执行剥离措施的内容，通常情况下可以在附条件批准的决定作出后，甚至在实施经营者集中之后再予以实施，但由于在买家前置规则下，这一系列工作作为先决条件被前置。

我国《反垄断法》并未规定先行修正和买家前置规则的相关内容，但随着《关于经营者集中附加限制性条件的规定（试行）》的实施，对于经营者"自行剥离"的相关定义及程序性规定，先行修正和买家前置制度在我国得到了初步确立。

在本案中，商务部要求百威英博对申报材料予以补充，并提出具有实践性的可以减少经营者集中不利后果的解决方案，充分践行了先行修正这一原则。而百威英博与南非米勒在达成最终方案之前也达成了华润啤酒对南非米勒所持有的 49% 华润雪花股份的买卖协议，并得到了商务部的认可，充分践行了买家前置原则，有利于提高商务部进行经营者集中审查的效率和对结果的预期判断。

---

❶ 胡元聪、税梦娇：《先行修正和买家前置制度研究——基于完善反垄断执法的视角》，载《湖北社会科学》2016 年第 7 期，第 149—155 页。

四、案例启示

商务部反垄断局 2016 年发布的关于百威英博并购南非米勒的第 38 号公告,主要从七大部分具体阐明了对百威英博收购南非米勒股权案做出反垄断审查决定的程序及依据。对比 2008 年商务部首次进行经营者集中审查对英博公司并购 AB 公司一案的公告内容,商务部在文书格式、调查数据和竞争分析等方面都有显著的改善,这一方面体现了我国反垄断水平这几年来有了显著提高,另一方面也体现了中国应对国际化的反垄断审查的能力在不断增强。

南非米勒在中国除了占有华润雪花 49% 的股权,还经营少量麦芽酒销售业务,而 2008 年商务部在英博公司并购 AB 公司一案的公告中明确要求英博公司不得寻求持有华润雪花啤酒(中国)有限公司(简称华润啤酒)和北京燕京啤酒有限公司的股份。百威英博明知在中国地区是不可能通过收购南非米勒来控制华润啤酒从而扩大中国市场的,所以百威英博此次收购南非米勒重点不在中国,其真实意图应该是意在对全球市场份额的占领。但由于经营者集中行为是由国家各自进行反垄断审查,百威英博在进行收购时采用对各个国家的反垄断进行逐一突破战略,最后才得以实现对南非米勒集团的全球收购。

五、相关法律法规

(一)《中华人民共和国反垄断法》

第二十五条 国务院反垄断执法机构应当自收到经营者提交的符合本法第二十三条规定的文件、资料之日起三十日内,对申报的经营者集中进行初步审查,作出是否实施进一步审查的决定,并书面通知经营者。国务院反垄断执法机构作出决定前,经营者不得实施集中。

国务院反垄断执法机构作出不实施进一步审查的决定或者逾期未作出决定的,经营者可以实施集中。

第二十六条 国务院反垄断执法机构决定实施进一步审查的,应当自决定之日起九十日内审查完毕,作出是否禁止经营者集中的决定,并书面通知经营者。作出禁止经营者集中的决定，应当说明理由。审查期间，经营者不得实施集中。

有下列情形之一的，国务院反垄断执法机构经书面通知经营者，可以延长前款规定的审查期限，但最长不得超过六十日：

（一）经营者同意延长审查期限的；

（二）经营者提交的文件、资料不准确，需要进一步核实的；

（三）经营者申报后有关情况发生重大变化的。

国务院反垄断执法机构逾期未作出决定的，经营者可以实施集中。

第二十七条 审查经营者集中，应当考虑下列因素：

（一）参与集中的经营者在相关市场的市场份额及其对市场的控制力；

（二）相关市场的市场集中度；

（三）经营者集中对市场进入、技术进步的影响；

（四）经营者集中对消费者和其他有关经营者的影响；

（五）经营者集中对国民经济发展的影响；

（六）国务院反垄断执法机构认为应当考虑的影响市场竞争的其他因素。

第二十八条 经营者集中具有或者可能具有排除、限制竞争效果的，国务院反垄断执法机构应当作出禁止经营者集中的决定。但是，经营者能够证明该集中对竞争产生的有利影响明显大于不利影响，或者符合社会公共利益的，国务院反垄断执法机构可以作出对经营者集中不予禁止的决定。

第二十九条 对不予禁止的经营者集中，国务院反垄断执法机构可以决定附加减少集中对竞争产生不利影响的限制性条件。

（二）《关于经营者集中申报的指导意见》

第二条 经营者集中申报标准：

（一）参与集中的所有经营者上一会计年度在全球范围内的营业额合计超过 100 亿元人民币，并且其中至少两个经营者上一会计年度在中国境内的营业额均超过 4 亿元人民币；

（二）参与集中的所有经营者上一会计年度在中国境内的营业额合计超过 20 亿元人民币，并且其中至少两个经营者上一会计年度在中国境内的营业额均超过 4 亿元人民币。

（三）《关于经营者集中附加限制性条件的规定（试行）》

第十条　自行剥离指剥离义务人在审查决定规定的期限内，找到适当的买方、签订出售协议并经商务部审核批准的行为。

第十三条　审查决定未规定自行剥离期限的，剥离义务人应在审查决定作出之日起六个月内找到适当的买方并签订出售协议。

根据案件具体情况，经剥离义务人说明理由，商务部可以酌情延长自行剥离期限，但延期最长不得超过三个月。

审查决定未规定受托剥离期限的，剥离受托人应当在受托剥离开始之日起六个月内寻找适当的买方并签订出售协议。

第十五条　剥离义务人应当在出售协议签订之日起三个月内将剥离业务转移给买方，并完成所有权转移等相关法律程序。

根据案件具体情况，经剥离义务人申请并说明理由，商务部可酌情延长业务转移的期限。

（四）《经营者集中审查办法》

第十一条　在审查过程中，为消除或减少经营者集中具有或者可能具有的排除、限制竞争的效果，参与集中的经营者可以提出对集中交易方案进行调整的限制性条件。

根据经营者集中交易具体情况，限制性条件可以包括如下种类：

（一）剥离参与集中的经营者的部分资产或业务等结构性条件；

（二）参与集中的经营者开放其网络或平台等基础设施、许可关键技术（包括专利、专有技术或其他知识产权）、终止排他性协议等行为性条件；

（三）结构性条件和行为性条件相结合的综合性条件。

第十五条　对于附加限制性条件批准的经营者集中，商务部应当对参与集中的经营者履行限制性条件的行为进行监督检查，参与集中的经营者应当按指定期限向商务部报告限制性条件的执行情况。

参与集中的经营者未依限制性条件履行规定义务的，商务部可以责令其限期改正；参与集中的经营者在规定期限内未改正的，商务部可以依照《反垄断法》相关规定予以处理。

微软公司收购诺基亚反垄断
审查案例研究

引 言

我国自《反垄断法》生效以来，迄今已有多起涉及标准必要专利的案件，引起了社会广泛的关注。专利一旦成为广泛应用的标准必要专利，权利人一般得向标准化组织承诺以公平、合理和无歧视的 FRAND 条件实施许可❶。尽管 FRAND 许可条件是对专利权人的约束，但因这个承诺没有可操作性，现在有越来越多涉及标准必要专利的案件进入了反垄断执法机构和法院。涉及标准必要专利许可的案件凸显知识产权法和反垄断法交叉领域的很多热点问题，从而也带给了我们很多思考。

一、案情详述

2013 年 9 月 2 日，微软国际控股有限公司（Microsoft International Holdings B. V.，微软全资子公司，以下简称"微软"）与诺基亚签署《股票及资产购买协议》（以下简称协议）。根据协议，微软对诺基亚旗下的大部分手机业务实施收购，收购目标业务包括诺基亚移动手机、智能设备业务、一个设计团队和包含诺基亚设备和服务生产设施、设备和服务相关的销售和市场活动以及相关支持功能的运营。诺基亚的设备和服务部门在中国、韩国、越南、芬兰、巴西、墨西哥等地拥有移动电话和智能手机的制

---

❶ 王晓晔：《标准必要专利反垄断诉讼问题研究》，载《中国法学》2015 年第 6 期，第 217—238 页。

造工厂。❶ 本项集中完成后，上述工厂全部转移至微软，诺基亚将不再生产移动电话和智能手机，诺基亚仅保留其所有通信及智能手机相关发明专利。此项收购，微软将支付诺基亚 54.4 亿欧元对价（约合 458.62 亿元人民币），其中 37.9 亿欧元用于购买诺基亚旗下手机业务所有的设备和服务业务，16.5 亿欧元购买诺基亚的专利许可证。作为此项交易的部分内容，诺基亚将向微软出售一份 10 年期的非独占专利许可证。微软也将把自己的，基于地理位置的专利以互惠方式授权给诺基亚。微软还将享受永久性的续约权。

2012 年，微软移动操作系统（Windows Phone、Windows RT 和 Windows 8）全球以及中国市场份额分别为 2.42% 和 1.2%，诺基亚智能手机全球和中国市场份额分别为 4.85% 和 3.7%。

移动智能终端操作系统市场上的主要产品有：谷歌公司开发的安卓操作系统、苹果公司开发的 IOS 系统以及微软系统（移动操作系统、移动应用和企业电子邮件服务器软件）。安卓操作系统全球及中国市场份额分别为 74% 和 72%（其中安卓智能手机操作系统超过 80%），苹果 IOS 系统全球及中国市场份额分别为 19% 和 26%。虽然微软移动应用和其企业电子服务器软件近年来因其便利性有一定的影响力，但安卓操作系统和 IOS 应用商店中的应用程序数量是微软移动操作系统的 4 倍，且有较高的客户忠诚度。

收购消息于 2013 年 9 月 2 日宣布；欧盟、美国等国家和地区的监管机构很快批准了这一交易；2013 年 9 月 13 日，中国商务部收到微软收购诺基亚设备和服务业务案的经营者集中反垄断申报。中国商务部在经过调查取证和研究后，根据申报方提交的承诺方案附条件批准了该案，要求微软持续遵守其向标准制定组织作出的承诺，在公平、合理、无歧视（frand）条件下许可其标准必要专利。

背景资料：

微软公司：于 1975 年在美国华盛顿州注册成立，在纳斯达克上市，总部位于美国华盛顿州雷德蒙德市。微软股权结构分散。微软开发、生产、许可、支持和销售电脑软件和消费电子产品。微软 1992 年在北京设立代表

---

❶ 中华人民共和国商务部反垄断局：《中华人民共和国商务部公告 2014 年第 24 号，公布关于附加限制性条件批准微软收购诺基亚设备和服务业务案经营者集中反垄断审查决定》，中华人民共和国商务部网站，http：//www.mofcom.gov.cn/article/b/g/201407/20140700652295。

处，目前在中国境内有 18 家分公司和办事处。微软持有 802. 11WiFi、H. 264 视频解码、与 3G/4G/LTE 相关的标准必要专利，安卓系统使用的技术包含微软的标准必要专利和非标准必要专利，微软将这些专利打包作为安卓项目许可。

诺基亚公司：于 1865 年在芬兰赫尔辛基注册成立，在赫尔辛基证交所和纽约证交所上市，总部位于芬兰埃斯波。诺基亚股权结构分散。诺基亚是一家跨国通信和信息技术公司，主要产品为功能手机、智能手机、网络基础设施、免费数字地图信息以及导航业务。诺基亚在中国生产并销售功能手机及智能手机，在中国境内有 5 家主要关联实体。诺基亚拥有数千种通信技术标准必要专利，鉴于一个标准中各个必要专利在功能上的差别，生产商如果要生产符合技术标准的产品，得与所有的标准必要专利权人进行谈判，分别取得这些必要专利的使用权。而诺基亚的移动通信标准必要专利是所有智能手机制造商从事生产活动需要使用的，诺基亚凭借这些标准必要专利拥有对智能手机市场的控制力。[1]

安卓操作系统：Android 一个以 Linux 为基础的半开源操作系统，主要用于移动设备，由 Google 和开放手持设备联盟开发与领导。[2] Android 系统最初由安迪·鲁宾（Andy Rubin）制作，最初主要支持手机。2005 年 8 月 17 日被 Google 收购。2007 年 11 月 5 日，Google 与 84 家硬件制造商、软件开发商及电信营运商组成开放手持设备联盟（Open Handset Alliance）来共同研发改良 Android 系统并生产搭载 Android 的智慧型手机，并逐渐拓展到平板电脑及其他领域上。随后，Google 以 Apache 免费开源许可证的授权方式，发布了 Android 的源代码。中国大陆地区较多人使用"安卓"。2012 年 7 月数据，Android 占据全球智能手机操作系统市场 59% 的份额，中国市场占有率为 76. 7%。[3]

---

[1] 仲春：《标准必要专利禁令滥用的规制安全港原则及其他》，载《电子知识产权》2014 年第 9 期，第 20—29 页。

[2] 刘林伟：《基于 Android 的油气生产用电管理系统设计与实现》，西安石油大学硕士学位论文，2015 年。

[3] 金晓耕：《智能手机操作系统行业格局分析》，载《科技创业月刊》2012 年第 9 期，第 38—39 页。

二、关键法律问题的提出

1. 标准必要专利的概念
2. 分析中国对此收购案进行审核的必要性
3. 微软与诺基亚的集中存在滥用市场支配地位排除、限制竞争的可能性分析
4. 此收购成功后，有可能会发生怎样的限制竞争行为

三、案例分析研究

（一）标准必要专利的概念

标准必要专利（Standard Essential Patents，SEPs）是指技术标准中包含的必不可少和不可替代的专利，即是为实施技术标准而不得不使用的专利。❶ 如果一个技术标准得到了广泛应用而成为行业标准或者国家强制性标准，达不到标准的产品或者服务就不能进入市场，这个技术标准对相关企业就是强制性的要求。在这种情况下，因为标准的开放性，与标准必要专利相关的技术许可就具有公共性，涉及社会公共利益。然而，标准必要专利与一般专利一样，也是私人财产权。权利人出于追求经济利益的目的，可能会凭借其必要专利所产生的"锁定效应"而不合理地抬高其专利许可费，或者排除行业中的竞争对手。

通信技术标准专利是实现通信功能所需要实施的标准必要专利。本案并购发生后，诺基亚将基本退出手机设备与服务市场，但是诺基亚在通信技术领域持有数千种标准必要专利，诺基亚作为标准必要专利持有人，可能自身不再生产、销售使用该专利技术的产品，而只向他人提供标准必要专利技术，收取专利费。

（二）分析中国对此收购案进行审核的必要性

由于中国智能手机市场、移动智能终端操作系统市场以及移动智能终

---

❶ 周子莹：《技术标准中必要专利问题研究》，南昌大学硕士学位论文，2015 年。

端相关专利许可市场的特殊性，此次并购案对中国市场有可能产生影响。

针对此收购，中国中兴、华为、小米等国产手机厂商发出了反对的声音。他们认为，微软对诺基亚的收购不仅仅是在终端市场增加一个单纯的竞争对手那么简单。除中国手机厂商外，谷歌和三星也向中国政府表达了担忧，担心微软在智能手机市场上势力过大，可能滥用其专利，导致专利使用费上涨。

国产手机厂商们的忧心不无道理，根据 PaRR 的报道（PaRR 专注于提供全球反垄断法以及相关政府政策和法规方面的资讯和分析），虽然微软自身主打的 Windows Phone 系统，但在安卓系统上，其凭借原本拥有的闪存技术、文档命名规则等专利却拥有着收取专利费的能力。为此，微软曾经推出了专门的"安卓许可计划"，向每一部安卓手机和每一台安卓平板电脑分别征收 5 美元和 10 美元的许可费用，而对于那些拒不付费的厂商，微软则十分积极地在全球展开了诉讼行动，其曾先后向 HTC、三星、摩托罗拉等提出了专利费诉求，并且成功地赢得了不少官司。❶

中国担心微软和诺基亚公司之间的收购，可能会给国内的安卓设备制造商带来麻烦。在国内市场上，微软向 Android 设备厂商收取专利费也是惯例，但其收取的费用较高也一直为国产厂商诟病，中国监管机构尤其担心的是，微软会利用其专利在中国市场获得优势。目前，超过 80% 的中国智能手机运行的是安卓系统，随着微软进入智能手机生产领域，该公司有了提高其专利许可费的动机——打击竞争对手，安卓手机制造商可能会被迫退出市场，或将由此产生的费用转嫁给最终的消费者。中国是智能手机的最大生产国，同时也是最大的销售市场，中国市场上活跃的大部分智能手机制造商（90% 以上）不具备与微软进行专利交叉许可的基础，中国市场上的绝大部分安卓手机制造商，出于自身的技术限制，难以通过技术设计避免使用，也难以通过商业上可行的技术方案予以替代。❷ 微软如果提高专利许可费，将增加利润率本就较低的中国智能手机制造商生产成本，可能会将该成本传导给消费者进而提高售价影响市场。不仅如此，如果微软拒

---

❶ 毕夫：《微软并购诺基亚：残酷的专利之战》，载《对外经贸实务》2014 年第 5 期，第 90—93 页。

❷ 林秀芹、刘禹：《标准必要专利的反垄断法规制——兼与欧美实践经验对话》，载《知识产权》2015 年第 12 期，第 58—65 页。

绝许可，不仅会阻碍其他经营者进入，更将会严重影响中国手机市场结构。

因此中国政府相信该交易会有可能对行业产生深远的影响，需要对此收购案进行审核。

（三）微软与诺基亚的集中存在滥用市场支配地位排除、限制竞争的可能性分析

（1）微软是否会凭借其持有的移动智能终端（尤其是安卓操作系统）相关的标准专利排除、限制竞争？

据调查，安卓操作系统在中国智能手机市场所占比重超过80%，中国市场移动智能手机制造商对于具有免费、开源优点的安卓操作系统具有高度依赖性。由于安卓操作系统内包含微软多项标准必要专利和非标准必要专利。在微软收购诺基亚前，微软不生产智能手机。但收购完成后，微软将能够实现操作系统和智能手机一体化生产的整合。微软可以和部分拥有智能手机相关专利的公司进行交叉许可。但市场调查显示，中国市场上90%以上的智能手机制造商不具备与微软进行交叉许可的基础，在自身有利的情况下，微软有动机通过提高其他智能终端制造商的专利使用费来提高竞争对手成本，或通过拒绝专利许可达到排除限制竞争的目的。因此，微软有限制、排除竞争的能力。

（2）诺基亚是否会凭借其持有的移动通信标准必要专利排除、限制竞争？

如若本案收购实现，诺基亚将保留了所有通信及智能手机相关发明专利。诺基亚拥有数千项通信标准必要专利。无论从其数量抑或是质量来看，诺基亚都可在通信标准领域一马当先。且这些移动通信标准必要专利是所有智能手机制造商生产时都需要使用的，执行标准所必需的技术专利可能会造成市场进入障碍，凭此，诺基亚便有对智能手机市场的控制力。如若诺基亚借此提高专利许可费以此盈利，其他经营者不具有有效的抗衡能力。生产成本将大大提高，减损消费者的利益，甚至最终可能导致市场结构的改变。

综上所述，根据微软、诺基亚在相关市场的份额，相关市场的竞争状况，控制市场的能力，技术条件；其他经营者对微软和诺基亚在交易上的依赖程度，进入市场的难易程度，微软和诺基亚的集中对消费者和其他有关经营者的影响，对国民经济发展的影响等因素，微软与诺基亚的集中不

能排除会滥用市场支配地位，排除、限制竞争的可能性。

（四）此收购成功后，有可能会发生怎样的限制竞争行为

（1）搭售。如果收购成功微软可能利用其在中国智能手机市场的安卓手机系统的标准必要专利和非标准必要专利，在开拓智能手机市场时，通过技术限制或许可合同方式，迫使其他中国智能手机制造商在生产手机时必须安装微软开发的程序系统，又或在开放其专利许可的同时，进行多个系列的没有关联的知识产权产品（如其因特网浏览器使用权等）使用权搭售等行为。

诺基亚在通信领域上因移动通信标准必要专利有着支配地位，诺基亚有可能会利用其科技优势，在其标准必要专利许可的过程中，要求被许可人必须同时额外搭售另一个无关联非必要标准专利使用权的一种强制销售方式。

（2）拒绝交易。微软和诺基亚可能会滥用其在中国手机市场的支配地位，拒绝授予中国众多智能手机制造商对安卓手机系统的标准必要专利和移动通信标准必要专利以及多项非标准必要专利的合理使用权，从而限制中国智能手机的竞争，进而改变中国之智能手机市场竞争格局。

（3）掠夺性定价。微软和诺基亚具有市场支配地位，完全有能力以低于可变成本（经营商品的合理个别成本）的价格生产和销售的行为，扰乱正常的生产经营秩序，损害中国其他智能手机制造商的合法权益，以求排挤竞争对手，独占市场。例如，美国微软计算机公司曾在中国国产的计算机软件 WPS97 发布前夕，在中国市场上推出低于成本的超低价格 97 元的 Word97 版本，这是典型的掠夺性低价行为。

（4）过高定价。由于微软和诺基亚的安卓手机系统中的多项标准必要专利和移动通信标准必要专利以及多项非标准必要专利，中国市场上的绝大部分智能手机制造商，出于自身的技术限制，难以通过技术设计避免使用，也难以通过商业上可行的技术方案予以替代。微软和诺基亚处于支配地位，完全可能凭借此地位向中国智能手机制造商索取不公平的要价，通常从卖者的角度也称为垄断性高价。

（5）限定交易。微软和诺基亚可能会利用其市场支配地位，只允许中国智能手机制造商或其他交易相对人销售使用其专利的智能手机或产品，而不允许销售含有其他同类竞争者的产品，没有正当理由，限定交易相对

人只能与其进行交易或者只能与其指定的经营者进行交易。限制中国智能手机制造商交易自由。不仅如此，正因为安卓手机在中国市场份额高达80%以上，具有市场支配力，而微软在安卓手机系统中的多项标准必要专利难以以技术替代，将有极大可能在中国智能手机市场形成垄断格局。

（6）差别待遇。由于微软和诺基亚在中国智能手机市场有市场支配地位，完全有能力利用在中国市场的绝对优势制定垄断价格收取专利许可费，对不同地域、不同产品上的客户采取与成本完全无关的不同价格待遇，从而不给其他中小企业智能手机制造商或新兴企业发展的机会。

综上所述，此项收购案将很有可能破坏我国智能手机竞争格局，减损消费者利益，因此，国家必须对那些在市场上已经取得了垄断地位或者市场支配地位的企业加强监督。根据我国《反垄断法》，经营者集中具有或者可能具有排除、限制竞争效果的，国务院反垄断执法机构应当作出禁止经营者集中的决定。但是，经营者能够证明该集中对竞争产生的有利影响明显大于不利影响，或者符合社会公共利益的，国务院反垄断执法机构可以作出对经营者集中不予禁止的决定或采取附条件准予集中。

本案中国商务部在经过调查取证和研究后，根据申报方提交的承诺方案附条件批准了该案，要求微软持续遵守其向标准制定组织作出的承诺，在公平、合理、无歧视（frand）条件下许可其标准必要专利。

四、案例启示

本次收购之所以引起反垄断审查，一则是因为微软和诺基亚均在相关市场有着市场支配地位，二则是因为该次收购牵涉的标准必要专利不论是数量还是影响都关系到了一个行业的竞争状况，有可能导致限制、排除竞争，扭曲竞争格局的状况，减损消费者利益。

这起收购案究其根本是知识产权的使用问题。我们需要思考的是，为何美国、欧盟与中国采取的是不同的态度？究竟知识产权与反垄断的关系是怎么样的？它是一成不变的吗？如果不是，那么究竟怎样衡量其执行的标准呢？

自20世纪80年代以来，伴随着信息革命和知识经济的发展，新技术、新知识已经成为一个国家、一个企业长期竞争优势的最主要因素，知识产权的重要性不言而喻。与此同时，伴随着知识产权的排他性，在世界各地特别是技术发达国家遇到了越来越多的知识产权限制竞争的问题，人们逐渐意识到限制知识产权领域的垄断问题的重要性，逐渐放弃"对知识产权领域中的垄断"不适用反垄断法的豁免政策，转而采用建立在"反垄断法优位理论"之上的严厉管制政策。人们逐渐认识到知识产权和反垄断法之间的关系不再是"分立"或是"对立"，而是更加客观的深层次、多维度的探讨两者之间的辩证关系。两者之间有方法上的冲突，但是最终目标却也有一致之处。于是出现了强调知识产权与反垄断法互补功能的宽容规制政策导向。

知识产权与垄断法之间的辩证关系。首先，保护知识产权与反垄断法是互补的，知识产权与反垄断法有着推动竞争和鼓励创新、提高经济效率和增大社会福利的目的；但是实现上述目的的方式不同，知识产权通过对创新和发明的激励机制来提高企业效率和增进消费者福利；反垄断法则通过反对限制竞争来推动竞争。其次，知识产权与反垄断有潜在的冲突。知识产权的专有属性不可避免地对市场竞争产生影响，具有限制竞争的可能，从而不可避免地受到反垄断法的制约。

宽容规制政策包含两层基本含义：一是反垄断法对知识产权必须规制，这既是二者冲突性在制度安排上的反映，也是解决知识经济条件下知识产权被不断扩张、强化，进而导致知识产权垄断危害日益严重这一新问题的必然选择；二是反垄断法对知识产权的规制必须体现足够的宽容与应有的弹性，要充分考虑二者之间的一致目标与互补功能，允许知识产权在一定范围内对竞争的合理限制，仅就知识产权行使行为对市场竞争的危害性达到一定的严重程度、不干预不足以维持市场应有的公平与效率时，才可对其予以否定性评价，进行必要的、合理的规制。

中国商务部和美国、欧盟监管机构对于微软收购诺基亚设备和服务业务案所采取的措施究竟为何不同？

首先，美国、欧盟均属于发达国家，技术发展水平高，知识产权的拥有量也相当大，其所带来的经济效益十分可观，如若采取严厉的政策，势必将严重影响创新积极性，如果过于放任知识产权产生的反垄断问题，将影响市场经济的良好发展。回顾历史，美国、欧盟、日本都曾经根据本国经济发展的要求，对知识产权领域的垄断行为予以严厉规制。从日本关于知识产权领域反垄断问题的处理来看，其突出的特点是："二战"后早期对技术引进合同进行严格的审查，后来逐渐变得宽松起来。这是因为，早期，日本本土大多数企业技术发展水平较低，知识产权拥有量也较少，日本政府出于对本国技术发展和国内市场的谨慎保护，对技术输入的监控较为严格。但随着本国技术不断发展，日本知识产权拥有量大大提高，一跃成为技术输出国，科技的发展更多地为国家带来利益，促进市场健康发展。此时，较为严厉的知识产权反垄断领域的政策已经不再适应国情，应对知识产权垄断采取较为宽松规制政策。现如今，中国作为发展中国家，目前的技术发展水平相对落后，自主知识产权的拥有量十分有限。正如同"二战"后前期的日本一样，中国正处于经济发展阶段，经济建设中所需要的大量技术，都需要从拥有大多数知识产权的发达国家那里购买，这样一个作为技术输入国的国家，如果技术发达国家的跨国公司进入中国市场后，利用知识产权的排他性，利用手里的知识产权的优势排挤、打压中国本土竞争对手，限制、排除市场竞争，将严重破坏中国市场的竞争格局，阻碍中国民族企业的发展。因此，在科技水平相对落后、知识竞争力不强这样的国情下，用法律有效控制跨国公司利用知识产权不正当竞争产生的一系列反垄断问题是一个迫切的需求，中国在此形势发展下，应当采取在知识产权反垄断领域采取适度严厉政策。

综上，为了促进竞争保护创新，保护消费者的利益，在平衡知识产权与反垄断法之间的关系时，既要考虑到两者的冲突性，又要兼顾其互补性，与此同时，应当依据具体的历史条件，具体的国情来决定政策导向以平衡两者的关系。

五、相关法律法规

《中华人民共和国反垄断法》

第六条 具有市场支配地位的经营者，不得滥用市场支配地位，排除、限制竞争。

第十七条 禁止具有市场支配地位的经营者从事下列滥用市场支配地位的行为：

（一）以不公平的高价销售商品或者以不公平的低价购买商品；

（二）没有正当理由，以低于成本的价格销售商品；

（三）没有正当理由，拒绝与交易相对人进行交易；

（四）没有正当理由，限定交易相对人只能与其进行交易或者只能与其指定的经营者进行交易；

（五）没有正当理由搭售商品，或者在交易时附加其他不合理的交易条件；

（六）没有正当理由，对条件相同的交易相对人在交易价格等交易条件上实行差别待遇；

（七）国务院反垄断执法机构认定的其他滥用市场支配地位的行为。

本法所称市场支配地位，是指经营者在相关市场内具有能够控制商品价格、数量或者其他交易条件，或者能够阻碍、影响其他经营者进入相关市场能力的市场地位。

第二十条 经营者集中是指下列情形：

（一）经营者合并；

（二）经营者通过取得股权或者资产的方式取得对其他经营者的控制权；

（三）经营者通过合同等方式取得对其他经营者的控制权或者能够对其他经营者施加决定性影响。

第二十七条 审查经营者集中，应当考虑下列因素：

（一）参与集中的经营者在相关市场的市场份额及其对市场的控制力；

（二）相关市场的市场集中度；

（三）经营者集中对市场进入、技术进步的影响；

（四）经营者集中对消费者和其他有关经营者的影响；

（五）经营者集中对国民经济发展的影响；

（六）国务院反垄断执法机构认为应当考虑的影响市场竞争的其他因素。

第二十八条 经营者集中具有或者可能具有排除、限制竞争效果的，国务院反垄断执法机构应当作出禁止经营者集中的决定。但是，经营者能够证明该集中对竞争产生的有利影响明显大于不利影响，或者符合社会公共利益的，国务院反垄断执法机构可以作出对经营者集中不予禁止的决定。

第二十九条 对不予禁止的经营者集中，国务院反垄断执法机构可以决定附加减少集中对竞争产生不利影响的限制性条件。

广东省教育厅指定赛事软件
行政诉讼案例研究

引　言

　　《反垄断法》实施以来，行政垄断诉讼案件很少。2014年发生的广东省教育厅指定赛事软件一案是《反垄断法》实施六年多来首次进入实质诉讼程序的案件。这起历经3年多时间、以民赢官输而尘埃落定，而这起案件的审判结果，将对未来的行政管理模式以及反行政垄断的诉讼实践产生巨大而深远的影响。

一、案情详述

　　2014年4月1日，以广东省教育厅、高职院校、行业企业等组成的工程造价基本技能广东"省赛"组委会发通知称，工程造价基本技能广东赛事（以下简称"大赛"）由广东省教育厅主办，广州城建职业学院承办，广联达软件股份有限公司（以下简称"广联达"）协办。在随后组委会公布的《赛项技术规范》和《竞赛规程》中都明确，赛事软件指定使用广联达独家的认证系统、广联达土建算量软件GCL2013和广联达钢筋算量软件GGJ2013。

　　一直在积极介入"工程造价基本技能"国赛和各地省赛赛事的深圳市斯维尔科技有限公司（以下简称斯维尔公司），认为广东省教育厅指定独家赛事软件的做法，有滥用行政权力之嫌，违反了《反垄断法》。因此向法院提起了诉讼。

此案审理中，省教育厅认为：此次省赛使用广联达软件作为参赛平台，并未损害参赛院校和其他软件企业的利益。此次比赛只是由高职院校自愿参加的一次技能赛事，并未干涉到日常教学使用软件的选择权，所以未影响到软件产品市场的竞争秩序。

广联达公司认为：判断一个行为是否构成《反垄断法》规制的行政垄断行为，应该考虑该行为是否排除、限制竞争，以及该行为是否达到排除或限制竞争的结果。省教育厅选用广联达软件的行为实质是赛事组织行为，而非干预市场，不具有排除、限制竞争的目的和动机。同时，在客观上也不具备排除、限制竞争的后果，广联达为省赛提供软件产品是以公益为目的，都是无偿提供，不属于竞争市场。省教育厅对赛前和赛后的软件计量市场没有作出任何指定性的要求，不存在排除限制竞争的情形，所以不存在滥用行政权力的行为。

斯维尔公司则认为：根据《反垄断法》的规定，判断行政行为是否构成行政垄断，是否"造成排除限制竞争结果"并非判断要素，关键是看是否"滥用行政权力"❶。依据《行政诉讼法》规定"行政机关应对自己的具体行政行为负有举证责任"，既然省教育厅对自己"指定独家参赛软件"行为不能提供证据证明其合法性，为此教育厅构成"滥用行政权力"。

经过一审审理，广东省广州中级人民法院判决认为广东省教育厅在"工程造价基本技能赛项"省级比赛中，指定广联达软件为独家参赛软件的行为，违反《反垄断法》规定。❷广东省教育厅不服提出上诉，广东高院对该案作出终审判决，认定省教育厅在"工程造价基本技能赛项"省级比赛中，指定广联达软件为独家参赛软件的行为，属于滥用行政权力，产生了排除、限制竞争的效果，违反了《反垄断法》规定，驳回省教育厅和广联达的所有上诉请求，维持一审判决。

相关事件背景：

- 工程造价学是近年来建筑管理业内的热门专业，工程造价技能的学

---

❶ 梁亚辉：《抽象行政垄断之构成与规制》，载《成都行政学院学报》2013年第3期，第35—39页。

❷ 张占江：《行政性垄断的反垄断法规制架构重构》，载《华东政法大学学报》2015年第4期，第40—48页。

习或比赛操作都必须使用专业的软件程序及其操作平台。而生产这类软件程序的企业，在我国占据市场主要份额的公司为斯维尔、广联达、上海鲁班软件有限公司。这三家公司占据了这类市场的主要份额。

● 2014年年初，教育部首次将"工程造价基本技能"列为"2013—2015年全国职业院校技能大赛"赛项之一。业内习惯将由教育部组织的比赛称为"国赛"，由各省组织的选拔比赛称为"省赛"。

● 2014年4月2日，教育部主管的"国赛"组委会办公室在经过全面征集、定向征集、直接商洽的方式确定大赛合作企业，并发布了《"工程造价基本技能"赛项规程》，其明确规定使用由广联达独家提供的"广联达网络考试系统"。针对"国赛"组委会指定使用广联达软件程序的做法，斯维尔曾在起诉广东教育厅之前，就于4月16日向教育部提起了行政复议。"国赛"因此未能如期举行。

二、关键法律问题的提出

1. "指定行为"的违法性分析
2. 广东"省赛"组委会公布的文件（《赛项技术规范》、《竞赛规程》等）能否作为行政诉讼的对象

三、案例分析研究

（一）"指定行为"的违法性分析

对于行政垄断行为，《反垄断法》明确规定：行政机关和法律、法规授权的具有管理公共事务职能的组织不得滥用行政权力，排除、限制竞争。行政机关和法律、法规授权的具有管理公共事务职能的组织不得滥用行政权力，限定或者变相限定单位或者个人经营、购买、使用其指定的经营者提供的商品。也就是说，是否"滥用行政权力"是判断行政垄断的一个关键要件。

判断此案中省教育厅的指定赛事软件的"指定行为"是否为滥用行政行为，首先，需要判断"指定行为"是否会造成限制竞争的结果，省教育厅独家"指定"使用广联达软件的后果，排除了其他软件供应商，包括斯

维尔公司作为合作方参与竞争提供赛项软件的权利，影响了其他公司的公平竞争权。同时，此行为也可导致参赛学校师生相应的使用习惯，并且对于提高广联达公司的市场声誉有极佳效果，从而提高了广联达公司软件在相关市场的占有份额，最终导致斯维尔公司等同类竞争者的产品在市场占有份额下降，进而损害市场公平竞争秩序，产生排除、限制竞争的效果。

其次，要辨别"省教育厅指定广联达软件作为省赛参赛软件的行为是否合法性的依据"。根据《中华人民共和国行政诉讼法》第 32 条："被告对作出的具体行政行为负有举证责任，应当提供作出该具体行政行为的证据和所依据的规范性文件"的规定，被告应对上述行政行为的合法性负举证责任，但被告提供的证据不能证明其在涉案的赛项中指定独家使用第三人的相关软件经正当程序，系合理使用行政权力，应承担举证不能的责任。本案省教育厅在法律未有明确规定其指定行为应遵循何种法定程序的情况下，应当经过公开、公平的竞争性选择程序，来决定使用相关商家免费提供的软件，除非有正当理由，否则属于滥用行政权力。广东省教育厅未能提供证据证明其经过公开、公平的竞争性选择程序。

综上，省教育厅"指定独家参赛软件"行为符合构成行政垄断的要素条件，即在主体上，省教育厅是"行政机关和法律、法规授权的具有管理公共事务职能的组织"；在行为上，其"指定独家参赛软件行为"符合"限定或者变相限定单位或者个人经营、购买、使用其指定的经营者提供的商品"；至于"滥用行政权力"，法院依据《行政诉讼法》规定"行政机关应对自己的具体行政行为负有举证责任"，省教育厅对自己"指定独家参赛软件"行为不能提供证据证明其合法性，因此，省教育厅的"指定"使用属于滥用行政权力，排除、限制竞争的行为。

（二）广东"省赛"组委会公布的文件（《赛项技术规范》、《竞赛规程》等）能否作为行政诉讼的对象

行政行为分为抽象行政行为和具体行政行为。抽象行政行为是指国家行政机关制定法规、规章和有普遍约束力的决定、命令等行政规则的行为。而具体行政行为是指国家行政机关和行政工作人员、法律法规授权的组织、行政机关委托的组织或者个人在行政管理活动中行使行政职权，针对特定的公民、法人或者其他组织，就特定的事项，作出的有关该公民法人或者其他组织权利义务的单方行为。我国《行政诉讼法》规定，抽象行

政行为是不可诉的，具体行政行为是可诉的对象。而作为抽象的行政行为从现行法律规定上是不可诉的，但这并不意味着部分抽象行政行为没有侵害特定人的权益。

省教育厅认为省赛组委会等发布的各种"赛项通知""赛项技术规范""竞赛规程"等都属于内部文件通知，不属于行政诉讼的受案范围。此抗辩理由不能成立。本案中的广东省工程造价基本技能省级选拔赛是由广东省教育厅主办的，而省赛组委会发布的各种"赛项通知""赛项技术规范""竞赛规程"，也都是经过省教育厅审核通过方才对外公布的。因此"指定独家参赛软件"行为，是广东省教育厅作出的行政行为。此案省级选拔赛的通知涉及对象包括三十多个学校及学生，以及参赛过程中使用软件的生产经营公司，虽然人数众多，但却是特定的；抽象性文件的特点是可以反复适用，而此次赛项的通知只适用 2014 年广东省工程造价基本技能选拔赛。因此"指定独家参赛软件"的通知，虽然具备了抽象性文件的"外壳"，但其实质是可诉的具体行政行为。❶ 因此该案件属于行政诉讼的受案范围。

四、案例启示

（一）为何行政垄断鲜有诉讼案例

早在 1980 年，国务院就首次提出反垄断特别是反行政垄断的任务。至今三十多年时间过去了，却鲜有行政机关受到反垄断调查和处罚，行政垄断诉讼判例甚少。

2008 年 8 月 1 日，《反垄断法》正式实施。就在这一天，北京 4 家企业向北京市第一中级法院提起诉讼，状告国家质检总局涉嫌行政垄断。由于当天正是《反垄断法》生效实施的第一天，因此该案被称为"反垄断第一案"。但该案最终的结果是法院不予受理。

时隔六年之后，曾出现过反行政垄断调查，但并没有涉及诉讼。2014年 9 月 11 日，国家发改委价格监督检查与反垄断局局长许昆林披露，河北

---

❶ 万静：《广东教育厅指定赛事软件法院判决构成行政垄断》，载《法制日报》2015 年 2 月 16 日。

省交通厅、物价局、财政厅规定省内客运企业享受过路过桥费半价优惠的决定，涉嫌歧视性规定。国家发改委已向河北省人民政府发出执法建议函，建议立即责令三部门改正错误。此案也被媒体称为首个遭"反垄断调查"的省级行政机关案例。❶

直至 2014 年 4 月 22 日，斯维尔状告广东省教育厅滥用行政职权，指定赛事软件行为涉嫌违反《反垄断法》相关规定。这是《反垄断法》颁布实施六年多来，第一起被法院正式受理并进入实质审理阶段的行政垄断诉讼。

对于为何鲜有行政垄断诉讼案例，国务院反垄断法委员会咨询专家、社科院研究员王晓晔分析指出，现行《行政诉讼法》规定，法院只受理对具体行政行为的诉讼，不受理对抽象行政行为的诉讼，而行政垄断往往又是行政机关以红头文件或规章的形式出现，并不是针对某一个企业的具体行政行为，所以，行政垄断往往难以进入诉讼渠道。

另外受到调查的行政垄断案件为何也如此罕见？王晓晔教授分析认为，反垄断执法机构对滥用行政权力排除、限制竞争的行政行为并没有直接处理的权力。《反垄断法》规定"行政机关和法律、法规授权的具有管理公共事务职能的组织滥用行政权力，实施排除、限制竞争行为的，由上级机关责令改正；对直接负责的主管人员和其他直接责任人员依法给予处分。反垄断执法机构可以向有关上级机关提出依法处理的建议"❷。反垄断机关对行政垄断只有建议权，而违法机关的上级与反垄断机构并不具有直接隶属关系，是否按照有关建议去处理，执法机关是否改正，反垄断机构都没法参与或控制。

（二）为何行政垄断的实施效果收效甚微

不管本案的最终判决如何，都对行政垄断敲响了法治警钟。尽管我国先后颁布了很多与禁止行政垄断相关的法律法规或者部门规章，但对于反行政垄断的实施效果并不理想。原因有二：其一，颁布的法律法规中对行政垄断的法律责任形式单一，且相应的法律法规中根本没有对行政垄断设

---

❶　孟雁北：《我国反垄断执法机构与政府产业规制部门的关系》，载《中国人民大学学报》2015 年第 2 期，第 122—130 页。
❷　颜运秋、周晓明：《反垄断法实施中的疑难问题分析》，载《法治研究》2010 年第 12 期，第 3—8 页。

立刑罚的相关内容。修改前的《中华人民共和国反不正当竞争法》第30条规定：政府及其所属部门违反本法第7条规定，限定他人购买其指定的经营者的商品、限制其他经营者正当的经营活动，或者限制商品在地区之间正常流通的，由上级机关责令其改正；情节严重的，由同级或者上级机关对直接责任人员给予行政处分。可见在法律层面上对于行政垄断的惩处力度与危害影响不相适应，甚至出现了很多有法不依的恶劣现象。其二，《中华人民共和国反垄断法》中第51条之规定：行政机关和法律、法规授权的具有管理公共事务职能的组织滥用行政权力，实施排除、限制竞争行为的，由上级机关责令改正；对直接负责的主管人员和其他直接责任人员依法给予处分。反垄断执法机构可以向有关上级机关提出依法处理的建议。由此可见，我们国家没有专门的独立的反行政垄断执行机构，对于行政垄断行为的处罚只是上级责令与向上建议等方式，根本不存在一个权威的监督与执法机构。

（三）行政垄断如何滋生及如何应对

对此，有人说行政垄断是历史必然。确实，由于我国仍然处于市场经济制度的发展初期，还存在着部分政企未能完全分离的情形，这便是行政垄断问题的根源之一。部分企业依赖政府的指导与指挥，遇到问题不是强调与利用市场的调节功能，而仍然是求助于政府，行政职权的滥化无异于为行政垄断提供条件。其二，地区部门利益的驱使使得政府、部门往往不是帮助企业通过正确的市场决策增强竞争能力，尽快适应市场，而是直接用行政命令的方式限制、排斥或阻碍竞争。❶为达到较好的地方财政状况而追求地方、部门利益的欲望，是行政性垄断产生的内在动力，是行政性垄断屡禁不止的重要原因。❷

但不管行政垄断的出现必然与否，其所带来的危害是不置可否的。其中地区垄断与行业垄断带来的危害最大，利用地方保护主义，违背竞争规则，破坏公平竞争的秩序。这在很大程度上使得市场状态发生扭曲，危害和弱化了市场对资源的合理配置，导致行业发展停滞不前、市场创新乏力，阻碍了社会进步，破坏了公平的市场环境。

---

❶ 白贵秀：《构建我国反垄断法律机制研究》，载《河北法学》2005年第2期，第130—137页。
❷ 朱涛：《试论反垄断法》，首都经济贸易大学硕士学位论文，2002年。

从另一个角度考虑，本案体现出来的行政模式也是值得反思的。广东省教育厅作为教育行政部门，依法履行职责是其基本义务。行政权力的行使不仅仅要求决策结果的公开，更重要的是决策程序和决策机制的透明化、公开化、公平化，才能使决策结果更加科学与合理。如果广东省教育厅能够在决策之初就充分听取专家和利益相关主体的意见和建议，及时进行专家论证，对相关文件及内容的合法性进行专业评估，在很大程度上将会免予被诉。

斯维尔案件对反行政垄断诉讼实践将产生深远影响。在反行政垄断常态化后，将迫使各地政府部门收敛权力，不再随意插手干预市场，并转变身份，做市场秩序的监管者和裁判，让市场竞争真正走向市场化。

五、相关法律法规

（一）《中华人民共和国反垄断法》

第三十二条 行政机关和法律、法规授权的具有管理公共事务职能的组织不得滥用行政权力，限定或者变相限定单位或者个人经营、购买、使用其指定的经营者提供的商品。

第三十七条 行政机关不得滥用行政权力，制定含有排除、限制竞争内容的规定。

（二）《中华人民共和国行政诉讼法》

第三十二条 被告对作出的具体行政行为负有举证责任，应当提供作出该具体行政行为的证据和所依据的规范性文件。

美国对华晶体硅光伏产品反倾销与反补贴案例研究

引 言

面对愈来愈严峻的能源问题，各国都努力加大新能源的开发与研究，具有巨大发展潜力的光伏产业自然受到各国重视。中国亦将光伏产业作为未来能源战略推动，其迅速发展得益于中国较低的劳动力和国产化设备的投资成本，以及政府扶持。2011 年中国生产的晶体硅光伏产品占全球光伏市场的一半以上。2011 年 10 月 19 日，德国 SolarWorld 公司在美国的子公司以及其他 6 家美国光伏企业向美国商务部和美国国际贸易委员会提出反倾销申诉，随后美国商务部和美国国际贸易委员会对中国输美晶体硅光伏产品进行反倾销反补贴调查。并最终裁定对中国产品施加高额惩罚性关税。而在此期间美国通过了《1930 年关税法（修正案）》，该裁决对我国光伏产业影响重大，具有较强的示范作用。该案具有较高的研究价值。

一、案情详述

2011 年 10 月 19 日，德国 SolarWorld 公司在美国的子公司和 6 家美国太阳能光伏企业在华盛顿向美国商务部和美国国际贸易委员会提起申请，称中国 75 家相关企业获得政府补贴，以低于成本的价格在美国进行倾销，同时指控中国政府对太阳能产业进行补贴，要求美国政府对中国出口到美国的光伏电池进行反倾销和反补贴（以下简称"双反"）调查。

2011 年 11 月 9 日，美国商务部宣布将对中国输往美国的太阳能电池展开"双反"调查。2011 年 12 月 3 日，美国国际贸易委员会以 6∶0 的投票结果，通过了光伏"双反"调查结果，认为中国太阳能电池出口对美国相关产业造成了实质性损害。至此，美国对华太阳能"双反"调查正式立案。

依据之前的安排，光伏产品"双反"初裁结果公布时间应该为 2012 年 1 月 24 日，之后美国商务部又将结果公布时间延迟到 2 月 14 日，但是 1 月中旬却再次改变推延至 3 月 2 日，2012 年 2 月 28 日美国商务部决定将"双反"合并调查公布的日期延迟到 3 月 20 日。对于初裁结果公布时间的不确定性，美国商务部给出了正式的书面解释，其认为此案件牵涉的中方光伏出口企业数量较多，中国光伏出口企业涉及中国政府和公共机构的补贴类型也不少，因此此案具有较大的复杂性，延长至 130 天的最长调查期限是必要的。

2012 年 3 月 5 日至 6 日，美国参议院和众议院先后通过了《1930 年关税法（修正案）》，此法案专门针对从中国进口的产品。而且该法案授予了美国商务部对中国等"非市场经济国家"拥有进行反补贴并且征收反补贴税的权利。

2012 年 3 月 20 日，美国商务部经过一系列调查，初步做出了裁定，认定我国出口美国的光伏产品存在 2.9% ~ 4.73% 的政府补贴，决定对我国的太阳能电池与太阳能电池板初步加征 5% 以下的反补贴税。

2012 年 5 月 17 日，美国商务部公布出了反倾销的初审结果。初裁判决对中国的部分光伏出口企业征收反倾销税。其中，应诉的尚德电力将被征收 31.22%、天合光能将被征收 31.14%，未参加诉讼的光伏出口企业被征收税率高达 249.96%。美国商务部公布反倾销的初裁结果以后，又做出决定将反倾销与反补贴的终裁时间进行合并。

2012 年 11 月 8 日，在美国商务部做出终裁以后，紧随其后的是美国国际贸易委员会的终裁。并且通过了一项关税法案，规定在以后的 5 年时间对中国输往美国的太阳能电池及其组件征收关税。终于在 2012 年 12 月 7 日，美国做出了终裁决定，美国将会对中国的光伏产品征收惩罚性关税，反倾销税与反补贴税将会同时征收。于是，美国对中国出口的光伏产品课以 18.32% ~ 249.96% 的反倾销税，同时征收 14.78% ~ 15.97% 的反补贴税，两项贸易救济措施同时进行。

如图 1 所示为美对华"双反"过程。

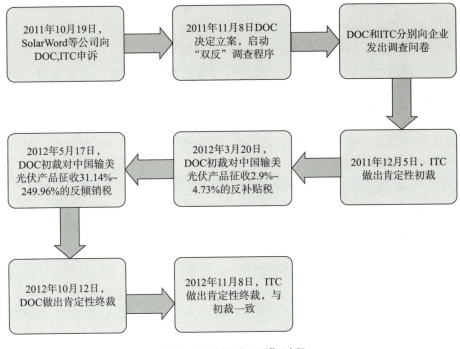

图 1 美对华"双反"过程

(一) 背景知识

1. 补贴、反补贴

《补贴与反补贴措施协定》(简称《SCM 协议》)对补贴的定义为:"补贴是指在一成员方领土内,由政府或其国内的某一公共机构提供并授予某种利益的财政资助或其他任何形式的收入或者价格支持措施。"被禁止的补贴、可申诉的补贴以及不可申诉的补贴为补贴的三大类别❶。

反补贴是指一国政府或国际社会为了保护本国经济健康发展,维护公平竞争的秩序,或者为了国际贸易的自由发展,针对补贴行为而采取必要的限制性措施。《SCM 协议》做出了规定,反补贴措施主要是针对禁止性补贴,但是在一定情况下也可能会包括部分的可诉性补贴。

❶ 黄海东:《应对频繁出现的国外反补贴措施的建议》,载《大连海事大学学报(社会科学版)》2007 年第 6 期,第 78—81 页。

2. 倾销、反倾销

WTO《反倾销协议》规定："如果产品自一国出口至另一国的出口价格低于在正常贸易中出口国供消费的同类产品的可比价格，即以低于正常价值的价格进入另一国的商业，则该产品被视为倾销。"

反倾销措施是 WTO 中，有效进行贸易救济的措施之一，是指对外国商品在本国市场上的倾销所采取的抵制措施。WTO《反倾销协议》规定，对倾销的认定必须符合三个基本条件：倾销存在；损害存在；倾销与损害之间存在因果关系。在这三个条件都具备的情况下，就可以实施国际反倾销调查与制裁。

（二）美国的双反程序

美国的"双反"调查中，倾销调查和损害调查分别由两个部门进行。美国商务部（Department of Commerce，DOC）负责调查倾销，美国国际贸易委员会（Internally Trade Commission，ITC）负责损害调查。在进行双反调查的过程中，两个部门是独立进行的，这两条不同的主线相互影响、相互交叉。

第一，申诉。申诉有两种方式：一为美国商务部申诉。若 DOC 有证据证明存在倾销行为，可以发布反倾销调查提起通知；二为申诉人申诉，是指同类产品制造商、生产商、批发商、工人团体或商业协会，以申诉书的形式递交到美国商务部和国际贸易委员会。收到申诉书后，DOC 在 20 日内决定是否立案，符合立案条件的，直接立案，但若不予受理，调查自动终止。❶

第二，立案。通过调查外国产品生产商和政府，判决是否存在倾销和补贴行为，以及倾销和补贴的程度；判决美国某行业是否因外国产品的倾销或补贴受到实质性损害。在调查中会考虑所有相关的经济因素，包括美国国内产业的产量、销量、市场份额、就业人数以及利润等。DOC 和 ITC 都必须对案件做出明确的初裁决定以保证调查的后续进行。❷

第三，初裁。初步裁定结果是否定的，案件裁决终止的调查也相应停止；反之，则由国际贸易局（以下简称 ITA）继续展开调查。

第四，终裁。如果 ITA 和 ITC 对倾销和实质性损害作了肯定终裁，商

---

❶ 柳长红：《立案登记制度前沿问题研究》，载《兰州教育学院学报》2016 年第 5 期，第 153—154 页。

❷ 李文琪：《美国对华晶体硅光伏产品反倾销反补贴案例分析》，山东大学硕士学位论文，2014 年。

务部就会指示美国海关和边境保护局，评估针对该进口产品的进口惩罚性关税。

图 2 所示为美国"双反"调查流程。

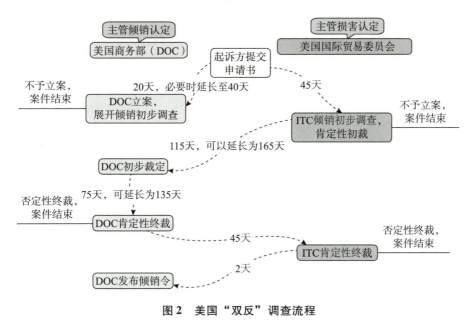

图 2 美国"双反"调查流程

二、关键法律问题的提出

1. 美国实施的反倾销产业损害调查分析
2. 替代国的选择是否合理
3. 中国晶体硅光伏产业补贴是否为可诉性补贴
4. 美国对华光伏产品"双反"是否存在双重救济

三、案例分析研究

（一）美国实施的反倾销产业损害调查分析

1. 反倾销产业损害调查认定三要素

（1）存在倾销价格，即出口价值低于正常价值。

出口价格是指一项产品销售到另一国的价格。反倾销调查当局在将进口价格与正常价格比较时，通常会将他们调整到同一水平再做比较，这一水平通常是出厂价。● 如果没有出口价格，或者认为出口价格不可靠，可以以进口产品首次转售给独立卖方的价格为基础，使用推理价格。

正常价格通常是进口产品的相同或相似产品在出口国国内正常贸易过程中消费时的可比价格。如图 3 所示为正常价格认定。

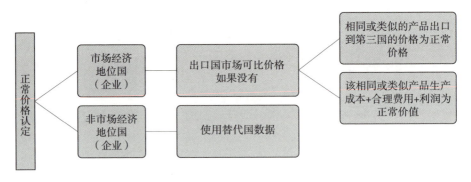

图 3　正常价格认定

（2）存在损害或损害威胁。

实际包括三个方面：一是已经造成实际性损害；二是未来造成损害威胁；三是实质阻碍了进口国相关产业发展。

考量是否造成损害应对以下两点做客观审查：一是倾销产品的数量对进口国国内同类产品价格的影响；二是倾销产品对进口国同类产品生产商的后续冲击程度。●

（3）倾销与损害有因果关系。

因果关系是确定倾销行为的三要素之一，简单地说，就是损害是由倾销造成的。在具体分析中，要找出除倾销外，其他可能造成损害的所有已知原因，并把这些原因的影响一一剥离进行分析。实际操作中，由于各经济因素之间实际上是互相影响的，很难将某一原因与某一结果直接联系起来。作为应诉方，应该做的工作就是尽可能找出除倾销外的其他影响进口国工业的原因，如其他未倾销产品的进口数量和价格的影响，进口国的国内需求萎缩，消费习惯改变，技术进步，进口国生产企业本身经营上的问题等。

---

❶ 王中美：《以反垄断替代反倾销的法律研究》，法律出版社 2008 年版。
❷ 侯淑波：《国际反倾销法律比较研究》，大连海事大学出版社 2006 年版。

2. 本案如何判断美国产业是否受到实质性损害

上面已经提到，考量是否造成损害应对以下两点做客观审查：一是倾销产品的数量对进口国国内同类产品价格的影响；二是倾销产品对进口国同类产品生产商的后续冲击程度。所以通常的做法是先确定"国内同类产品"和"产业"。然后确定是否存在损害。

（1）确定国内同类产品。

依据《1930 年关税法（修正案）》第 771（4）（A）条的规定国内同类产品为相同的产品，或如果不相同、但在特征和用途上与被调查产品最相似的产品。

对于本案中国内同类产品的界定这一问题，双方是有分歧的。我们都知道的太阳能光伏产品不仅仅只有晶体硅光伏产品，还包括薄膜光伏产品。薄膜相对于晶体硅，弱光性能好、可塑性强；但造价高、发电效率低、寿命短。关于这项争议，双方观点如下：

美国国际贸易委员会认为，晶体硅光伏产品和薄膜光伏产品使用的原材料、生产设备、制造工艺和雇员不同，此外，它们的化学成分、重量、尺寸、转换效率、输出、内在性能的不同限制了它们的可变换性。尽管大多数的市场参与者认为晶体硅光伏产品和薄膜光伏产品有时具有竞争性，但是普遍认为它们属于不同的产品。综合考虑，国际贸易委员会认定，国内同类产品为晶体硅光伏产品。❶

中国被申诉方认为本案的同类商品应包括薄膜光伏产品，当今世界，随着电子科技的飞速发展，技术更迭很快，比较难界定产品的技术相似性。此时，判断产品在市场上的直接竞争性和可替代性主要应该考虑消费者的认知度，如果消费者认为这些产品具有竞争性或可替代性，就应认定这些产品具有市场竞争性和替代性。晶体硅光伏产品和薄膜光伏产品都是光伏发电的产品，外形基本一致，并且两种技术都在向前发展，各有优缺点，所以应当认定两种产品为同类产品。

（2）确定国内产业。

依据《1930 年关税法（修正案）》第 771（4）（A）条的规定，国内

---

❶ 江华：《2015 年一季度我国光伏产业经济运行情况》，载《太阳能》2015 年第 4 期，第 79—80、65 页。

产业为国内相同或相似产品的集合或国内相同或类似产品总产出占据了这一产品总的国内产出的主要部分的那些生产者。

美国国际贸易委员会的通常做法是将国内产业界定为包括所有美国生产国内同类产品的生产者。依据《1930 年关税法（修正案）》第 1677（4）（B）条的规定，如果国内产业的生产者与涉案商品的出口商或进口商有关联，或涉案商品的国内生产者就是进口商，委员会将排除这些"关联"企业。本案中，美国国际贸易委员会认为，加利福尼亚尚德电力控股有限公司是涉案商品的进口方，是中国尚德电力控股有限公司的全资子公司。中国尚德电力控股有限公司和其控制的四家子公司全部在中国，它们生产或出口涉案产品到美国，这意味着中国的尚德电力控股有限公司对美国境内的尚德生产商和四家涉案商品的生产商或出口商拥有多数股权。美国国内的尚德公司从进口中获得的利益比国内生产中获得的利益更多。所以，国际贸易委员会裁决除尚德以外，美国生产晶体硅光伏电池和组件的全部生产商都为"国内产业"❶。

调查中美国商务部未能对中国应诉企业的权益给予充分保障。在选择强制应诉企业方面，对于这类大型的案件，美国商务部一般都会针对六七家企业进行调查，但是本案中美国无视中国企业的诉求，仅选定出口美国晶体硅光伏电池组件最多的尚德电力和天合光能作为两个强制应诉方，选取出口最大的两家企业无疑可以裁决出更高税率，对于其他中国光伏企业并不公平。

（3）判断造成的损害后果。

在反倾销和反补贴的终裁中，美国国际贸易委员会决定美国国内产业是否由于被调查商品进口的原因而遭受实质损害或实质损害威胁，应考虑涉案商品的进口数量，进口商品对国内同类产品价格的影响，进口商品对国内同类产品的国内产业的影响。本案中，国际贸易委员会以两家美国晶体硅光伏电池的生产商、14 家晶体硅光伏组件的生产商、49 家晶体硅光伏产品的进口商、18 家外国生产者和 53 家购买者提供的数据为依据来进行裁决。

---

❶ 彭德雷、胡加祥：《美国对华太阳能"双反"案的法律考察与启示》，载《国际商务研究》2014 年第 1 期，第 43—50 页。

a. 被调查产品的进口数量。国际贸易委员会在认定损害时应考虑商品的进口量，特别是倾销和补贴产品进口的绝对数量或相对于相似产品生产或消费的数量是否大幅度增加。实践中，国际贸易委员会倾向于考虑进口对市场占有率的影响，而较不重视进口的绝对值；较倾向于考虑市场占有率的变化，而较不重视市场占有率的绝对值。本案中，证据显示：随着2009—2011年美国国内需求的增长，从中国进口的调查产品的市场份额稳定增长，2012年中期的市场占有率高于2011年中期。调查产品进口的市场份额的增加导致2009—2011年和2011—2012年国内产业市场份额逐渐减少。国际贸易委员会认定，从中国进口的晶体硅光伏产品的数量相对于美国的生产和消费绝对或相对地增长，相对于国内生产和显著增加的国内消费而言进口产品的数量也绝对或相对地增长。

b. 被调查产品对价格的影响。委员会在评估被调查产品对价格的影响时，必须考虑与美国同类产品的价格相比，进口商品的价格明显低于市场价格，尤其是这种商品的进口是否大幅压低了价格或是否在很大程度上抑制本应发生的价格增长。本案中，购买者认为在购买晶体硅光伏电池和组件时会考虑各种因素，其中被调查的21家公司认为价格是最主要的考虑因素，19家公司认为质量是第二重要的考虑因素。再者，大部分生产者、购买者和进口者都认为美国制造和中国制造的产品"一直"或"通常"可以互换。大部分的购买者认为，美国生产的晶体硅光伏产品和从中国进口的晶体硅光伏产品通常都符合最低质量标准，两者除了价格以外，其他的所有特征基本差不多，但是从中国进口的产品因为较低的价格而更具有优势。鉴于国内同类产品和进口产品之间的可替代性如此之高，美国晶体硅光伏产品的市场竞争力主要来源于价格。基于此，国际贸易委员会裁定：从中国进口的低价产品与国内同类产品直接竞争，前者的数量不断增长，与美国产品在相同的美国市场分销渠道上销售，以低于国内同类产品的市场价格出售，从而获取大量的利润，这导致了美国国内生产者失去了收入和市场份额，抑制了国内产业的价格，导致了产业的衰弱。

c. 被调查产品进口对国内产业的影响。国际贸易委员会调查查明：尽管国内需求显著增加，但是国内产业所占的市场份额不断下降；国内产业市场份额的减少是因为从中国进口的产品的数量的显著增加造成的；从中国进口的产品低于市场价格的销售导致国内同类产品不得不压低和抑制价格；尽管需求量及成本大幅度下降，但是在调查期间，国内产业一直亏本；国内产业的许多性能指标下降。因此，认定中国产品的进口对美国国内产业造成了实质损害。

（二）替代国的选择是否合理

1. 替代国制度

替代国制度（Surrogate Country System）或称类比国制度（Analogue Country System），是指针对来自非市场经济体的商品，在确定其正常价值时，不使用其出口国商品的实际成本，而选择一个市场经济第三国或进口国的同类相似商品价格，作为计算正常价值的方法，所被采用的市场经济国家通常称为"替代国"。

2. 美国商务部观点

美国商务部将继续选择泰国作为中国的替代国。美国《1930 年关税法（修正案）》第 773（c）（4）节规定：应尽可能采用经济发展水平相当，且是相似产品主要生产国的一个或者多个市场经济国家的成本价格。在美国商务部 2012 年的一个替代国备忘录中，有 7 个与中国经济发展水平具有可比性的市场经济国家可供选择作为反倾销中确定中国正常价格的替代国，这个替代国备忘录中不包括印度，该商务部没有将印度作为中国替代国的候选国。

同时该商务部提出了其在初裁决定中的观点，即"除非我们发现所有确定具有经济可比性的国家不是可比产品的重要生产商，没有提供可靠地公开可获得的或者其他原因不能采用的替代数据，我们将采用这些国家中某一国家的数据"。证据显示泰国有四家可以考虑的产品生产商。而且，GTAO（Global Trade Alas Online）统计数据显示在 2011 年前八个月中泰国同类产品出口额达到 500 万美元。虽然被申请人提出印度太阳能光伏产业规模比泰国规模大，但是根据法律规定替代国的选择应该是一个可比国家，并且是可比产品的重要生产商，而泰国是这样一个国家。❶

3. 被申请人观点

被申请人无锡尚德电力和常州天合光能认为，印度应该作为中国的替

---

❶ 路换平：《美国对华晶体硅光伏电池"双反"案法律问题探究》，吉林大学硕士学位论文，2014 年。

代国而非泰国。印度的经济发展水平因与中国具有可比性而在反倾销案中常常作为中国的替代国;不论是印度的太阳能电池产业生产规模还是印度的人口规模都和中国的规模最为接近;在此次调查记录中显示印度有可靠的、确定的所有投入要素的替代价值和财务报表等数据。此外,美国商务部不能仅仅强调潜在替代国与中国的人均国民收入(GNI)的相符性,而是应当将更多的重点放在关注潜在替代国的替代价值与中国太阳能光伏产业的相一致性上。

晶片和多晶硅都是制造太阳能电池的重要原料,然而在泰国的数据中关于晶片和多晶硅的数据资料很不充分,更重要的是商务部调查记录中的数据没有包括泰国同类产品生产商的财务报表。

被申请方常州天合光能还表达了以下观点:在决定一个替代国家时,美国商务部和国际贸易委员会认识到该决定的做出是基于调查所得的数据的质量,特别是投入的生产要素的数据的明确性。虽然商务部在实践做法中常常将人均国民收入水平的可比性作为选择替代国的一个重要因素,有时甚至作为唯一的因素,但是这个惯例或做法并不是法律规定的商务部选择替代国时所应基于的唯一标准,该习惯性做法不具有法律效力。此外,美国国际贸易法院(CIT)在关于替代国家的选择问题上也曾提出"法律并没有规定要求美国商务国际贸易管理局选择最具可比性的经济体,而是具有可比性的经济体即可"❶。

4. 替代国不合理

无论WTO《反倾销协议》还是美国关于反倾销法的规定,无论市场经济国家的认定、替代国家的选择还是替代价值的确定,法律只是做了原则性规定,在反倾销实践中给各国及主管部门以极大的自由裁量权,使得涉诉商品正常价值的确定充满人为因素。

泰国太阳能光伏产业与中国光伏产业不具有可比性。

商务部总是以人均国民收入作为选择替代国的一个重要因素,但这并不是立法的规定,而是商务部的通常做法。所以,商务部选择替代国还应结合具体产业的发展情况、各国资源的比较优势,产品的生产产量及出口

---

❶ 路换平:《美国对华晶体硅光伏电池"双反"案法律问题探究》,吉林大学硕士学位论文,2014年。

量、产品的研究开发水平、劳动者价格等因素来综合考虑是否与中国生产者具有可比性。

美国商务部在替代国的选择上应该更多地关注潜在替代国的替代价值与中国太阳能光伏产业的相符性，而不是仅强调潜在替代国与中国的人均国民收入的相似性。在本案处理中，该商务部没有从泰国的价格是否客观，产品的生产产能、出口量、研发水平及劳动者素质及反映的人工工资等方面来考虑泰国是否与中国生产者具有可比性。事实上，由于泰国的太阳能光伏产业基础薄弱，生产成本远高于中国，泰国光伏产业与中国相比相差甚远，完全不具有可比性，其光伏产品的生产成本和销售价格要高于我国光伏产品的生产成本和价格。美国商务部在对最终倾销的成立及反倾销税率确立有重大影响的替代国选择的这个关键环节上选择一个年产能不足 100MW 的、与中国光伏产业生产完全不具可比性的泰国作为替代国，从根本上奠定了裁决结果必将有失公正的基调，侵犯了被调查企业的公平贸易权。

（三）中国晶体硅光伏产业补贴是否为可诉性补贴

1. 申请人及调查当局美国商务部的观点

申请人认为我国的光伏产业或企业获得了以下补贴，包括：政府提供低于适当报酬（LTAR）的原材料和服务，包括多晶硅、铝、电力；低于市场价格的土地供应；优惠的信用贷款政策；基金计划（金太阳示范工程、当地著名品牌计划、政府奖励劳动者计划）；所得税和其他直接税的减免（企业所得税、进口退税、对高新技术企业的税收减免）；出口信贷补贴；具有专项性的优惠政策；其他资金授予。申请人声称，中国的金融机构、公共事业机构和与太阳能产业相关的其他机构均由政府控制，使得太阳能产品制造商能够全面利用土地补助合同签订、贸易壁垒和供应链补贴等各方面的便利来降低产品价格，增加出口优势，因此进一步辩称，中国光伏产品的价格优势来源于大量的政府补贴和资助，这些补贴使得中国的制造商具备了向美国市场进行倾销的能力，美国太阳能制造商能够跟任何中国制造商竞争，但是不能和整个中国政府竞争。

美国商务部的立场和申请人基本一致。美国商务部支持了申请人对我国太阳能光伏企业有关补贴的指控，同时该商务部认定中国的国有企业和国有商业银行为"公共机构"，因此被政府授权向太阳能光伏产业或企业提供财政资助。美国商务部根据"不利可得事实"推定国有企业通过向晶体硅光伏电池企业提供多晶硅、铝等原材料向光伏企业提供财政资助，并援引法律规定认定国有商业银行按照政府政策发放优惠信用贷款，证明国有银行对太阳能光伏产业提供了优惠利率。此外，中国（当地）政府还提供包括低于市场价格的土地及各种税收优惠政策。

2. 被申请人的观点

美国商务部不应根据"不利可得事实"来认定国有企业被授权低价向光伏企业提供多晶硅、铝等原材料、电力等财政资助。证据显示被申请人从不同的晶体硅生产企业购买多晶硅等原料，这些企业不仅有国有企业还有私人企业。中国政府提供了一系列证据证明多晶硅生产企业没有被授权，因为其不符合美国商务部用来确定生产商是否被授权的"五要素法"。而且，即使一些多晶硅生产企业由政府占有多数所有权，也不能据此认定被政府授权而被视为"公共机构"，这是 WTO 规定的。美国商务部没有证实中国政府委托或直接要求多晶硅生产商向晶体硅光伏电池企业提供低于市场价格的多晶硅，因此政府没有提供直接的财政资助。其次，美国商务部没有证据证明本案调查期间政府对国有商业银行实施了控制和影响而认定银行被"授权"。

天合光能的土地是通过拍卖的方式从当地政府中购买的，尚德的土地通过协议的方式从私人手中购买或租赁的，这个过程不存在政府的财政资助。税收减免覆盖产业范围很广，不具有《SCM 协定》第 2 条第 2 款规定的专项性。

美国商务部以几项政策性指导文件证明政府的优惠政策对太阳能电池企业具有专项性，但是这些文件中没有一个文件要求金融机构向太阳能电池生产商提供优惠贷款。在此次调查中，美国商务部没有证据证明天合光能的信用贷款是根据对太阳能电池生产商的优惠贷款政策获得的。美国商务部在初裁中援引的文件是政策指导性文件而非法律规定，不具有法律的强制力，金融机构并没有被授权强制向太阳能光伏企业提供优惠贷款，不具有法律上的专项性。

3. 不存在可诉性补贴

随着环境的恶化，各国都越来越重视清洁低碳的可再生能源的开发和利用，政府通过提供各种资金支持可再生能源产业的研究和发展，如美国就针对清洁能源产业提供研发补贴，根据《SCM协议》的规定研发补贴属于不可诉补贴而不被禁止。我国为了加快太阳能光伏产业发展，对太阳能光伏产业或企业提供的补贴多属于研发补贴或环境补贴，也包括对贫困偏远地区太阳能计划的补贴。本案中存在的补贴基本都是研发补贴、落后地区补贴和环境补贴，这类补贴是不可诉补贴。此外，美国商务部指控的税收减免覆盖产业范围很广，即对于所有高新技术企业都适用，包括研发经费的支持、所得税的优惠等，不具有《SCM协议》规定的专项性，因此，也不属于可诉性补贴。

本案中美国商务部认为，我国政策性银行代表政府，通过对企业、产业等对象进行贷款起到推动经济发展的作用，由其提供的贷款是一种补贴。另外，国有商业银行仍在国家控制之下，和政府的政策目标有着剪不断理还乱的联系。这些因素的存在侵蚀着银行作为商业的基础，在政府的控制之下导致了按照政府政策发放信用贷款。事实上，我国银行的经营已经市场化而并非由政府控制，无论是政策性银行还是国有商业银行都是按商业方式运作的，它们独立经营、独立承担分险，其提供的贷款都是一般商业性贷款，并非补贴。此外，美国商务部将中国政府制定的一些政策指导性文件定性为对中国各级地方政府有约束力的法律，从而将这些指导文件中的指导政策认定为具有法律上的专项性，由此认为该文件中对金融机构开展信贷业务的指导认定为法律规定而构成了法律上的专项性，进而得出中国国有商业银行贷款对太阳能光伏产业提供优惠贷款，是政府提供的可诉性补贴。美国商务部对该补贴的认定不符合事实情况，实际上这些文件并不具有法律拘束力，美国商务部将政策性指导文件认定为法律规定是因为对我国的社会主义市场经济制度有错误认识。该案中有关贷款也不是在中国中央政府的强制要求下提供的，而是国有商业银行出于商业考虑和根据市场利率提供给企业的，因而不具有法律上的专项性，不构成可诉性补贴。

（四）美国对华光伏产品"双反"是否存在双重救济

所谓"双反"中的"重复计算"和"双重救济"是指国内补贴或出口补贴是导致出口产品价格下降的原因，并且因此导致倾销的情况下，进口国贸易救济调查机关在计算补贴幅度的同时，在倾销幅度计算时并不扣减或抵销补贴对倾销产品价格的影响，反而采用非市场经济规则中的"替代国标准"确定产品的正常价值，人为扩大倾销幅度的同时也重复计入了补贴对倾销幅度提高的影响，这就是所谓的"重复计算"，而按照针对同一产品"重复计算"的结果同时征收反倾销税和反补贴税就是"重复救济"。

美国调查当局在裁量过程中，认定我国国有企业和国有商业银行为公共机构。同时美国当局不承认中国市场经济地位，在这一情形下，又不给予中国转型国家特殊待遇，最终得出我国光伏产品受到的政府补贴属于反补贴措施约束的补贴。这一定论是很让人怀疑的。美国商务部和申诉方对我国的光伏产品裁定存在非法补贴与倾销，进而同时征收反倾销、反补贴税。其理论依据主要是认为中国光伏企业受到我国政府的各种补贴，在此基础上必须课以惩罚性关税，然而美国认定我国为"非市场经济国家"，依据非市场经济的计算方式，寻找替代国，衡量我国出口产品的倾销幅度。这一做法很显然会出现双重救济的问题。

四、案例启示

（一）不能消极应诉

随着全球贸易自由化的迅速发展和世界经济一体化进程的加快，国际多边贸易体系建设取得实质性进展，以及多个自由贸易区的形成，贸易自由化越来越受到各国的青睐。与此同时，贸易保护并未因乌拉圭回合协议实施带来的贸易自由化而退潮，贸易保护问题仍在凸显。美国次贷危机大规模爆发以后，贸易保护问题日益严重，一系列针对我国贸易保护案激增。中国的出口贸易在遭遇反倾销、反补贴、保障措施这些传统的非关税壁垒的同时，反规避、反吸收、技术性贸易壁垒、环境壁垒、知识产权以及劳工标准等这些新贸易壁垒的大棒也纷纷打向中国的出口贸易，被波及的出口产品和产业范围越来越广，给我国的对外贸易发展造成了严重的阻碍，这已经成为中国对外出口一个不可回避、亟待解决的问题。

面对国际反倾销调查，中国企业对反倾销调查不积极应诉，是助长外国反倾销指控的一个重要原因。据统计，在对华反倾销案件中，有过半案件是因企业没有应诉，而直接导致败诉，因而我国总体反倾销案件的败诉率普遍较高。我国企业低应诉状态，甚至不参与应诉，不但会丧失胜诉的机会、挽回本来可以避免的损失，还会给其他国家一种示范效应引致更多的反倾销指控，也给外国企业一种肆意反倾销的预期，从而加大对我国企业的反倾销力度，造成我国产品出口蒙受巨大损失，对外贸易遭受巨大影响。

（二）"非市场经济"地位成为我国应对反倾销问题的重大障碍

"非市场经济"地位问题成为我国蒙受反倾销调查与处罚的重大障碍。面对不承认中国市场经济地位的反倾销调查，几乎就等于直接使我国企业要承受反倾销惩罚，而且，往往被征收几倍，甚至数十倍的反倾销税。目前，世界上有150多个国家和地区已经承认我国的市场经济地位，其中WTO中有97个成员承认了我国的市场经济地位。不承认的国家中主要有欧盟、美国、日本以及印度等国，对于这些国家而言，不承认我国市场经济地位的最大好处，就是可能利用替代国制度对我国实行反倾销调查，导致我国企业败诉的概率更大一些，这也是我国遭受反倾销调查数目最多的主要原因。

"非市场经济条款"是2001年中国加入WTO议定书（以下简称"议定书"）中专门确定我国出口产品是否具有倾销或补贴行为的条款。"非市场经济条款"主要内容是，如果一国认定进口的产品来自非市场经济国家，允许在确定倾销或补贴的价格时采用第三国的替代国价格，这一条款适用我国的年限限定为15年。15年来中国一直被作为"非市场经济国家"对待。"非市场经济条款"已经不是简单的一般性贸易条款，而是对我国产生着制度性约束和贸易歧视，成为影响我国外经贸长期发展的重大贸易壁垒。2016年12月11日，中国加入世界贸易组织期满15年，理应获得该组织框架下的"市场经济地位"。韩国、澳大利亚等国承认了中国的市场经济地位，但是欧盟、美国、日本以及部分商业团体仍然拒绝承认中国的市场经济地位。

（三）树立WTO规则意识，建立公开透明的市场规则

中国加入WTO已经经历了十几年，随着贸易体量的增大，中国不可避免地与WTO其他成员发生贸易摩擦。迄今补贴是国际惯例，美国、日本、欧盟都有补贴，中国政府对个别行业的补贴也是合理的，是符合WTO基本原则的。但在今天的国际经贸关系中，大多数规则都不是我们制订的，因此我们要适应游戏规则。政府补贴应区别对待，对于战略性行业应

通过产业政策的扶持，在 WTO 基本原则框架下予以补贴。如我国对农业、农机、农产品技术推广的补贴，就是合理的，是符合 WTO 规定的。对于市场化程度较高的成熟行业，政府就不要再插手了，让它们去充分竞争，这样才不会招致国外的反补贴。

中方在运用 WTO 规则维护自己合法权益时发现，也遇到某些部门和地方颁布的政策法规不合规，不符合 WTO 规则和中国承诺，被诉讼方抓个正着，导致案件败诉或者在争端解决中处于不利地位。我国经济与世界经济高度融合，我国的贸易政策已不再是自己的事情，每一项贸易政策都可能成为影响世界经济贸易体系运转的重要因素，贸易伙伴也非常重视和关注我国贸易政策对他们的影响，在这种背景下，国务院各部门、各级地方人民政府及部门制定的贸易规则，应当符合世贸规则，在拟定贸易政策的过程中应当进行合规性评估。

五、相关法律法规

（一）《1930 年关税法（修正案）》

第一部分规定：主管机关可以对非市场经济国家采取反补贴措施。

除非因为该国只存在单一经济体，导致主管机关无法判断其政府或公共机构是否提供补贴或无法计算补贴的数额。

规定主管机关对相关产品认定倾销时，应符合以下条件：

① 该产品受到了法案规定的可诉性补贴；

② 该产品所受补贴致使产品价格降低；

③ 该产品被主管机关确定出倾销的正常价格后，应该合理预估补贴对该产品倾销的影响。

第 773（c）（4）节：应尽可能采用经济发展水平相当，且是相似产品主要生产国的一个或者多个市场经济国家的成本价格。

（二）《关税及贸易总协定》（GATT）

第 6 条第 1 款：各缔约方认为，用倾销的手段将一国产品以低于正常价值的办法挤入另一国的贸易内，如因此对某一缔约方领土内已建立的某项工业造成重大损害或产生重大威胁，或者对某一国内工业的新建产生严重阻碍，这种倾销应该受到谴责。本条所称一产品以低于它的正常价值挤入进口国的贸易内，系指从一国向另一国出口的产品的价格：

（a）低于相同产品在出口国用于国内消费时在正常情况下的可比价格；或

（b）如果没有这种国内价格，低于：

（1）相同产品在正常贸易情况下向第三国出口的最高可比价格；或

（2）产品在原产国的生产成本加合理的推销费用和利润。

但对每一具体事例的销售条件的差异、赋税的差异以及影响价格可比性的其他差异，必须予以适当考虑。

第6条第5款： 在任何缔约方领土的产品进口至任何其他缔约方领土时，不得同时征收反倾销税和反补贴税以补偿倾销或者出口补贴所造成的相同情况。

（三）《补贴与反补贴措施协议》（SCM）

第1条第1款： 就本协议而言，以下情况应被认为有补贴存在：

（1）某一成员方境内的政府或任何政府机构（在本协议中称"政府"）提供的财政资助，即：

①政府行为涉及直接资金转移（如赠与、贷款、投股），潜在的资金或债务直接转移（如贷款担保）；

②本应征收的政府收入被豁免或不予征收（如税额抵免之类的财政鼓励）；

③政府提供不属于一般基础设施的商品或服务，或购买商品；

④政府向基金机构支付款项，或委托或指导私人行使上述①至③项所列举的一种或多种通常是赋予政府的职权，以及与通常由政府从事的行为没有实质差别的行为。

（2）1994年关贸总协定第16条意义上的任何形式的收入支持或价格支持；

（3）由此而给予的某种优惠。

第2条第1款： 判定上述第1条第1款所定义的补贴是否属于授予当局专向性地给予管辖范围内的某个企业、产业、企业集团或多个产业（在本协议中均称"特定企业"）的专向性，应适用以下原则：

（a）如果补贴授予当局或该当局以执行的立法将补贴的获得明确限于

特定企业，这种补贴即具有专向性。

（b）如果补贴授予当局据已执行的立法对获得补贴的资格和数额规定了客观的标准或条件，如能严格遵守这些标准和条件，并且一旦符合资格便能自动获得补贴，该补贴即不具有专向性。有关的标准或条件必须在法律、规章或其官方文件中明确写明，以便能够对其加以核实。

（c）如果虽按上述（a）项和（a）项规定的原则而表现为非专向性，但有理由使人相信其在实际上具有专向性，则应考虑其他的因素。这些因素包括：由数量有限的特定企业使用的补贴计划，主要由特定企业支配使用的补贴，向特定企业提供按比例说是过分大的补贴，补贴授予当局以任意的方式做出授予补贴的决定。在引用本项规定时应考虑到补贴授予当局管辖范围内经济活动多样化的程序，以及已在实施的补贴计划的时间跨度。

第8条第1款：以下补贴应认为是不可申诉的补贴：

（a）按第2条定义，该补贴不具有专向性；

（b）按第2条属于具有专向性的补贴，但符合下述第2款（a）项和（b）项或（c）项中一切条件的补贴。

第19条第3款：如对任何产品征收反补贴税，则应对已被认定接受补贴和造成损害的所有来源的此种进口产品根据每一案件的情况在非歧视基础上收取适当金额的反补贴税，来自已经放弃任何所涉补贴或根据本协定的条款提出的承诺已被接受的来源的进口产品除外。任何出口产品被征收最终反补贴税的出口商，如因拒绝合作以外的原因实际上未接受调查，则有资格接受加速审查，以便调查主管机关迅速为其确定单独的反补贴税率。

第19条第4款：对任何进口产品征收的反补贴税不得超过认定存在的补贴金额，该金额以补贴出口产品的单位补贴计算。

第29条第1款：处于由中央计划经济转型为市场和自由企业经济的成员可以实施转型所必需的计划和措施。

（四）WTO《反倾销协议》

实施反倾销措施要满足以下条件：

①被调查产品存在倾销的事实；②被调查产品对申诉方的国内产业造成了实质损害或实质损害的威胁，或者对建立国内相关产业造成了实质性

的阻碍；③被调查产品的倾销与申诉方国内产业损害之间存在因果关系。

（五）《入世协定书》

第 10 条：补贴：

1. 中国应通知 WTO 在其领土内给予或维持的、属《补贴与反补贴措施协定》（《SCM 协定》）第 1 条含义内的、按具体产品划分的任何补贴，包括《SCM 协定》第 3 条界定的补贴。所提供的信息应尽可能具体，并遵循《SCM 协定》第 25 条所提及的关于补贴问卷的要求。

2. 就实施《SCM 协定》第 1 条第 2 款和第 2 条而言，对国有企业提供的补贴将被视为专向性补贴，特别是在国有企业是此类补贴的主要接受者或国有企业接受此类补贴的数量异常之大的情况下。

第 15 条：确定补贴和倾销时的价格可比性：

GATT1994 第 6 条、《关于实施 1994 年关税与贸易总协定第 6 条的协定》（《反倾销协定》）以及《SCM 协定》应适用于涉及原产于中国的进口产品进入 WTO 成员的程序，并应符合下列规定：

（a）在根据 GATT1994 第 6 条和《反倾销协定》确定价格可比性时，该 WTO 进口成员应依据下列规则，使用接受调查产业的中国价格或成本，或者使用不依据与中国国内价格或成本进行严格比较的方法：

（i）如受调查的生产者能够明确证明，生产该同类产品的产业在制造、生产和销售该产品方面具备市场经济条件，则该 WTO 进口成员在确定价格可比性时，应使用受调查产业的中国价格或成本；

（ii）如受调查的生产者不能明确证明生产该同类产品的产业在制造、生产和销售该产品方面具备市场经济条件，则该 WTO 进口成员可使用不依据与中国国内价格或成本进行严格比较的方法。

（b）在根据《SCM 协定》第二、三及第五部分规定进行的程序中，在处理第 14 条（a）项、（b）项、（c）项和（d）项所述补贴时，应适用《SCM 协定》的有关规定；但是，如此种适用遇有特殊困难，则该 WTO 进口成员可使用考虑到中国国内现有情况和条件并非总能用作适当基准这一可能性的确定和衡量补贴利益的方法。在适用此类方法时，只要可行，该 WTO 进口成员在考虑使用中国以外的情况和条件之前，应对此类现有情况和条件进行调整。

（c）该 WTO 进口成员应向反倾销措施委员会通知依照（a）项使用的

方法，并应向补贴与反补贴措施委员会通知依照（b）项使用的方法。

（d）一旦中国根据该 WTO 进口成员的国内法证实其是一个市场经济体，则（a）项的规定即应终止，但截至加入之日，该 WTO 进口成员的国内法中须包含有关市场经济的标准。无论如何，（a）项（ii）目的规定应在加入之日后 15 年终止。此外，如中国根据该 WTO 进口成员的国内法证实一特定产业或部门具备市场经济条件，则（a）项中的非市场经济条款不得再对该产业或部门适用。

（六）《中国加入工作组报告书》

第 150 条：若干工作组成员指出，中国正在继续进行向完全的市场经济转型的进程。这些成员指出，在这些情况下，对于原产于中国的产品进口至 WTO 成员，在反倾销调查和反补贴税调查中确定成本和价格可比性时可能存在特殊困难。这些成员表示，在此类情况下，WTO 进口成员可能认为有必要考虑与中国的国内成本和价格进行严格比较不一定适当的可能性。

第 151 条：中国代表对某些 WTO 成员以往采取的措施表示关注，这些成员将中国视为非市场经济国家，而在未确定或公布所使用的标准、未以公平的方式给予中国公司充分的机会提供证据以维护其利益以及未说明作出其裁定所依据的理由，包括裁定中进行价格比较的方法的情况下，对中国公司征收反倾销税。对于这些关注，工作组成员确认，在实施议定书（草案）第 15 条（a）项（ii）目时，WTO 成员将遵守以下规定：

（a）在以并非根据中国国内价格或成本进行严格比较的方式，确定一具体案件中的价格可比性时，WTO 进口成员应保证已经制定并提前公布有关下列内容的规定：（1）其确定生产该同类产品的产业或公司是否具备市场经济条件所使用的标准；及（2）其确定价格可比性时所使用的方法。对于那些未具备适用一种特别包括下列准则在内的方法的惯例的 WTO 进口成员而言，应尽最大努力保证其确定价格可比性的方法包括与以下所述规定相类似的规定。上述准则为，调查主管机关通常应最大限度地，并在得到必要合作的情况下，使用一个或多个属可比商品重要生产者的市场经济国家中的价格或成本，这些国家的经济发展水平应可与中国经济相比较，或根据接受调查产业的性质，是将被使用的价格或成本的适当来源。

（b）WTO 进口成员应保证在适用其市场经济标准及其确定价格可比

性的方法之前，已将这些标准和方法向反倾销措施委员会作出通知。

（c）调查程序应透明，并应给予中国生产者或出口商提出意见的充分机会，特别是提出关于在一具体案件中适用确定价格可比性方法的意见。

（d）WTO进口成员应通知其所要求的信息，并应向中国的生产者和出口商提供在一具体案件中提供书面证据的充分机会。

（e）WTO进口成员应向中国的生产者和出口商提供在一具体案件中维护他们利益的充分机会。

（f）WTO进口成员应提供对一具体案件所作初步和最终裁定的足够详细的理由。

腾讯公司诉奇虎 360 不正当竞争案例研究

引 言

随着互联网产业的快速发展，互联网已成为商家竞争的领域，互联网不正当竞争案件数量上升，案件重要性以及复杂程度、社会影响力加大。互联网不正当竞争大致可分为两种，一种是传统不正当竞争在互联网领域的延伸和拓展，另一种是超出现有法律规范范围，随互联网技术更新而不断变异。如腾讯与 360 关于"扣扣保镖"的诉讼大战，百度与 360 关于"Robots 协议"、金山猎豹浏览器拦截优酷视频贴片广告的争议的纠纷等，这些案件关乎到互联网行业诚信经营判断、不正当竞争行为判断标准、适用法律等问题。互联网发展呈现出一些明显的趋势，寡头垄断格局日益清晰，行业不公平竞争、滥用市场支配地位风险越来越成为社会关注的焦点，互联网不正当竞争案件类型及特征的研究也为学界所关注。

一、案情详述

2010 年春节后，腾讯公司开始推广"QQ 医生"安全软件，凭借其强大覆盖力，一夜之间"QQ 医生"占据国内一亿台左右的电脑，市场份额逼近 40%❶。与奇虎 360 安全卫士产生了激烈的市场竞争。

---

❶ 董成家：《周鸿祎：在"互联网争战"中前行》，载《传承》2010 年第 12 期，第 32—33 页。

2010 年 5 月 31 日，腾讯将"QQ 医生"升级并更名为"QQ 电脑管家"，增加了云查杀木马、清理插件等功能，涵盖了 360 安全卫士所有主流功能，用户体验与 360 安全卫士极其类似。❶ "QQ 电脑管家"将直接威胁 360 安全卫士在安全领域的生存地位，此举引发奇虎 360 公司激烈反应。

2010 年 9 月 27 日，奇虎 360 公司发布了一款名为"360 隐私保护器"的工具软件，其宣称，该软件可实时监测并曝光客户端软件窥视用户计算机隐私的行为，发布的第一版仅针对腾讯 QQ 软件。这成为事件的导火索，随即爆发腾讯与奇虎 360 一系列诉讼（以下简称 3Q 大战）。3Q 大战引发了一系列诉讼，最后一个案件是腾讯公司诉奇虎 360 公司不正当竞争案。

2010 年 10 月 14 日，腾讯公司以奇虎 360 公司侵犯名誉权为由起诉奇虎 360 公司，要求其停止侵权，公开道歉并赔偿损失 400 万元，随即奇虎 360 公司提起反诉。❷

2010 年 10 月 29 日，奇虎 360 公司又发布了一款"360 扣扣保镖"软件，宣称"可全面保护 QQ 用户的安全，包括防止隐私泄露、防止木马盗取 QQ 账号以及给 QQ 加速等功能"，并且"能自动阻止 QQ 聊天程序对电脑硬盘隐私的强制扫描查看"。这让腾讯感受到严重的危机。

2010 年 11 月 3 日，腾讯公司作为应对，发布了《致广大 QQ 用户的一封信》，要求用户在 360 安全卫士和 QQ 之间做一个选择，要求用户二选一。此通知引起了网民的轩然大波，网民不能接受这种站队要求。

同年 11 月 4 日，随着工信部和公安部等有关部门的积极干预，腾讯与 360 兼容，并向社会公开道歉。❸

2011 年 4 月 26 日，腾讯公司诉"360 隐私保护器"侵权案在北京市朝阳区法院一审宣判。❹ 法院判令北京奇虎科技有限公司、奇智软件以及三际无限网络科技有限公司三被告停止发行使用涉案 360 隐私保护器，删除相关网站涉案侵权内容，在 360 网站首页及《法制日报》公开道歉，并

---

❶ 包笑天：《当前中国互联网企业反垄断问题初探——以奇虎 360 公司诉腾讯公司案为例的法理分析》，载《法制与社会》2012 年第 15 期，第 67—68 页。

❷ 王泽宇：《腾讯公司诉奇虎 360 不正当竞争案评析》，湖南大学硕士学位论文，2012 年。

❸ 王恒、曹家华：《"腾讯 QQ"与"360"之争的反垄断法分析》，载《湖北经济学院学报》2012 年第 1 期，第 108—114 页。

❹ 北京市朝阳区人民法院（2010）朝民初字第 37626 号。

赔偿原告损失 40 万元，道歉声明需保留 30 天。

2011 年 8 月 19 日，腾讯公司以不正当竞争为由将奇虎 360 公司诉至广东省高级人民法院，2012 年 9 月 18 日一审法院进行了公开审理。在案件审理过程中，双方的争议焦点有四个：

（1）被告开发的"扣扣保镖"是否能够破坏原告 QQ 软件及其服务的安全性、完整性，使原告丧失增值业务的交易机会及广告收入，从而构成不正当竞争；

（2）被告在经营"扣扣保镖"软件及其服务时，是否存在捏造、散布虚伪事实，损害原告商业信誉、商业声誉的行为，从而构成商业诋毁；

（3）关于被告的"扣扣保镖"是否通过篡改 QQ 的功能界面从而取代原告 QQ 软件的部分功能以推销自己的产品，构成不正当竞争；

（4）如果被告构成不正当竞争，是否应该停止侵权以及应当赔偿原告多少数额的经济损失，是否应当赔礼道歉、消除影响。

为此，双方展开了激烈的辩论，原告为证明被告实施的不正当竞争行为以及因此受到的经济损失，总共向法院提交了 36 项证据。2013 年 4 月 25 日，广东省高级人民法院作出一审判决，判处被告连带赔偿原告经济损失及合理维权费用 500 万元；被告就其不正当竞争行为向原告赔礼道歉，消除影响；驳回原告其他诉讼请求。对于这一判决结果，奇虎 360 表示将向最高人民法院提起上诉。2013 年 12 月 4 日，最高人民法院进行了二审的公开审理。

2014 年 2 月 24 日做出终审判决：驳回上诉，维持原判。到此为止，腾讯诉 360 不正当竞争案终于画上句号，一审、二审均以腾讯胜诉告终，腾讯最终获得的赔偿额为 500 万元。该案的意义在于通过判决重申了市场精神，互联网不是法外空间，不能仅以某些技术进步为名，而行不正当竞争之实。

背景资料：

腾讯 QQ 和奇虎 360 是国内最大的两个客户端软件之一。

深圳市腾讯计算机系统有限公司（以下简称腾讯公司）目前是中国最大的互联网综合服务提供商之一，也是中国服务用户最多的互联网企业之一，以 QQ 为载体开展即时通信服务。在网络游戏、新闻门户、电子商务、电子邮件、影音、播放等领域均占有较大的市场份额，在业界成为名副其

实的龙头霸主。❶

　　奇虎 360 科技有限公司（以下简称奇虎 360 公司）是以安全软件闻名的企业，其 360 安全卫士永久免费的策略，使其以很短的时间获得了安全市场的绝对市场占有率，也成为继腾讯 QQ 之后第二大客户端软件。以该客户端为基础，360 延伸出了免费杀毒软件、浏览器等产品，均获得成功。❷

　　与传统实体经济的商业模式不同的是，作为网络服务运营商典型代表的腾讯公司、奇虎 360 公司的商业模式主要通过基础网络服务免费、增值服务收费、广告服务收费加以运营。该类网络运营商通过免费的基础网络服务锁定用户，并通过向部分用户提供增值服务的方式在用户市场赚取利润；与此同时，该类网络运营商又将免费网络服务锁定的用户作为推介信息的对象，在广告市场赚取利润。❸ 因此，免费的基础网络服务对用户的锁定程度和广度就成为该类运营商能否在市场中立足或取胜的关键，也在很大程度上体现了该类公司在市场中的竞争优势。

二、关键法律问题的提出

1. 腾讯公司与奇虎 360 公司是否具有竞争关系
2. 奇虎 360 公司是否实施了不正当竞争行为
3. 腾讯 QQ 强迫用户二选一的行为是否构成滥用市场支配地位

三、案例分析研究

（一）腾讯公司与奇虎 360 公司是否具有竞争关系

　　在与网络相关的不正当竞争案件认定中，是否具有竞争关系始终是案件的前置性基础问题。尽管腾讯公司的主营免费网络服务市场是以 QQ 软

---

❶　陆雅铃：《互联网企业的关键成功因素研究——基于中国 3 家互联网企业的多案例分析》，西南政法大学硕士学位论文，2012 年。

❷　金文恺：《奇虎 360 "微创新" 崛起模式的意义》，载《科技创新与应用》2013 年第 24 期，第 83—83 页。

❸　叶明、陈耿华：《互联网不正当竞争案件中竞争关系认定的困境与进路》，载《西南政法大学学报》2015 年第 1 期，第 80—86 页。

件为代表的即时通信软件和服务市场，而奇虎 360 公司的主营免费网络服务市场是以 360 安全卫士软件为代表的安全类软件和服务市场，双方免费网络服务的主营市场具有一定的区别，但是，基于网络服务运营模式的特殊性，各自的竞争优势主要取决于免费网络服务市场中对用户的锁定程度和广度。双方为了更大程度和更广范围地锁定用户，趋向于各自拓展非主营的免费网络服务市场，从而产生网络服务范围和用户群体的交叉和重合。❶ 同时，腾讯公司与奇虎 360 公司作为网络服务运营商，拓展广告服务市场，是其寻求盈利的重要市场策略。影响该类公司在广告市场和资本市场的竞争优势的重要因素，就是免费网络服务市场中对用户的锁定程度和广度。因此，如果奇虎 360 公司的行为可以增强自己在该领域的竞争优势，或者损害腾讯公司的竞争优势，从而影响双方在广告市场、资本市场的竞争优势和利益格局，则说明双方在网络服务的用户市场、广告市场等相关市场中具有竞争利益，存在竞争关系。

（二）奇虎 360 公司是否实施了不正当竞争行为

本案中，腾讯公司通过以下事实主张奇虎 360 公司构成不正当竞争：

1. 有事实依据的情况下，奇虎 360 公司"360 隐私保护器"软件误导用户认为"腾讯 QQ"软件窥视用户隐私。

具体表现为：

（1）两款"360 隐私保护器"（版本号为 1.0.0.1001 和 1.0.0.1003）专门针对腾讯 QQ 软件进行监测，且将任何软件更名为 QQ. exe，"360 隐私保护器"的监测结果都会显示"腾讯 QQ"侵犯用户隐私；

（2）"360 隐私保护器"软件在初始界面、监测结果等处，都存在误导、暗示"腾讯 QQ"侵犯用户隐私的表述。

2. 奇虎 360 公司官网上捏造和散布"腾讯 QQ"侵犯用户隐私的虚假事实。

奇虎 360 公司则认为腾讯公司与奇虎 360 公司分别是即时通信类软件和安全类软件的网络运营商，双方的产品不具备可替代性，不具有竞争

---

❶ 李郭栋：《腾讯诉奇虎不正当竞争纠纷案评析》，湖南大学硕士学位论文，2012 年。

关系。❶

"360 隐私保护器"仅针对 QQ 软件进行监测，并不是构成其行为不正当性的理由，只要该款软件设计合理、表达恰当，且不存在违反诚实信用等公认商业道德的情况，应为法律所允许。"360 隐私保护器"在对软件进行监测时，在初始界面、监测结果等处的表述和显示内容，是否如实反映了客观情况，是否会造成用户误解并产生不适当的联想，是判断其行为正当性的关键。

根据查明的事实，"360 隐私保护器"软件在对 QQ 软件监测时，使用了"个人电话、证件号码、上网和聊天记录等隐私泄露事件大多与某些软件偷窥电脑信息有关，无数网民因此深受广告骚扰、欺诈威胁"，"某些软件为了谋取利益'窥视'您的隐私文件，可能导致您的隐私泄露"等描述。尽管奇虎 360 公司意图通过第三方进程监测软件证明 QQ 软件存在扫描用户磁盘及文件的情况，但是该内容不足以证明 QQ 软件扫描了包含奇虎 360 公司在"360 隐私保护器"软件中通过语言描述引导用户理解的"隐私"内容。在无事实依据的基础上，"360 隐私保护器"通过使用"个人电话、证件号码、上网和聊天记录等隐私泄露事件"等语言描述，并将相关信息的泄露与"广告骚扰、欺诈威胁"等后果相联系，引导用户联想到相关后果可能与"360 隐私保护器"关于 QQ 软件可能泄露用户隐私的相关提示具有关联关系，从而导致 QQ 软件用户对该软件产生不合理怀疑，甚至负面评价。涉案"360 隐私保护器"对相关监测结果的描述缺乏客观公正性，足以误导用户产生不合理的联想，从而对 QQ 软件的商品声誉和腾讯公司的商业信誉带来一定程度的贬损，构成不正当竞争。由于"360网"上的文章内容是以"360 隐私保护器"监测到的"QQ 软件'窥视'用户隐私文件"的描述为基础，而奇虎 360 公司并未证明这一描述的客观性，违背了诚实信用的公认商业道德，损害了腾讯公司及其"腾讯 QQ"软件产品的商业信誉，亦构成商业诋毁。❷

除上述"360 隐私保护器"的监测提示外，奇虎 360 公司在"360 隐私保护器"界面用语和"360网"的 360 安全中心、360 论坛、360 隐私保

---

❶ 赵荣喆：《以网民权益为视角分析腾讯诉奇虎不正当竞争案》，沈阳师范大学硕士学位论文，2013 年。

❷ 北京市第二中级人民法院（2011）二中民初字第 12237 号。

护器软件开发小组博客日志、《用户隐私大过天》专题网页中还对 QQ 软件进行了一定数量的评价和表述。这些评价和表述，使用了"窥视"、"为谋取利益窥视"、"窥视你的私人文件"、"如芒在背的寒意"、"流氓行为"、"逆天行道"、"投诉最多"、"QQ 窥探用户隐私由来已久"、"请慎重选择 QQ"等词语和表述来评价软件。在未证明被上诉人腾讯公司扫描的文件含有用户隐私的情况下，上述评价和表述缺乏事实基础，并且带有较强的感情色彩，具有负面评价效果和误导性后果，违背诚实信用的公认商业道德，损害了腾讯公司及其腾讯 QQ 软件产品的商业信誉，亦构成商业诋毁。

综上，360 奇虎公司对腾讯公司构成不正当竞争，亦应承担相应的法律责任。

（三）腾讯 QQ 强迫用户二选一的行为是否构成滥用市场支配地位

滥用市场支配地位，是企业获得一定的市场地位后滥用这种地位，对市场中的其他主体进行不公平的交易或排斥竞争对手的行为。[1] 对此，可从主体、行为和结果三个要件进行界定和分析。

首先，从主体上看，腾讯 QQ 是否构成我国反垄断法规定的"滥用市场支配地位"的根本前提是该软件是否具有市场支配地位。[2]

根据腾讯公司所公布的数据显示，在 2010 年上半年中，QQ 的注册账户数、总活跃账户数，以及最高同时在线数的增长率都高于国内网民的增长速度，QQ 的用户数已覆盖了我国网民的近 90%。根据《中华人民共和国反垄断法》第 19 条：有下列情形之一的，可以推定经营者具有市场支配地位：（一）一个经营者在相关市场的市场份额达到二分之一的。可知，腾讯 QQ 可以根据法律规定推定具有市场支配地位。

其次，从行为上看，腾讯公司是否构成滥用市场支配地位。

在《致广大 QQ 用户的一封信》中，腾讯阐述了三个其要求用户二选一的"正当理由"：一是"保障您的 QQ 账户安全"，二是"对没有道德底线的行为说不"，三是"抵制违法行为"。根据国家工商行政总局对"正当理由"做出的界定，对于第一个理由，无论 360 推出的"扣扣保镖"是否

---

[1] 张娥：《互联网行业滥用市场支配地位行为的认定——从互联网反垄断第一案"奇虎诉腾讯垄断案"出发》，载《商品与质量：理论研究》2012 年第 5 期，第 236 页。
[2] 兰鑫、曲典玉、扎西根嘎：《从反垄断法角度看腾讯与 360 之争》，载《法制与社会》2011 年第 14 期，第 119 页。

胁迫用户进行安装或者是否劫持了 QQ 的安全模块并导致 QQ 失去了相关功能，QQ 本身都无权逼迫用户对自己的账户安全采取某些行为，是否卸除 360 软件是用户固有的权利，QQ 不能凭借自身的市场支配地位强制用户做出选择。即使 360 软件可能会真正危及用户的安全，QQ 的最大权利至多在于做出相应的风险提示，没有任何理由实施进一步的实质性干涉。在广大用户没有借助 QQ 实施违法或者有悖于社会道德的行为并因此给 QQ 造成不良影响的情况下，QQ 没有任何理由因为独立的第三方奇虎 360 对 QQ 实施的行为而对用户进行限定性交易，因此其第二和第三个理由也不成立。所以腾讯逼迫用户做"二选一"的选择，没有合法的正当理由，可以认定为在没有正当理由的情况下附加不合理的条件，或者变相强制交易的行为。

最后，从结果上看，违法者实施滥用市场支配地位的行为必须实际造成较大的损害后果，即滥用行为所产生的损害须达到一定的程度，才算构成了滥用市场支配地位。

在此次 3Q 之争中，所产生出来的损害后果是非常明显的，两家企业自身在这次争议中都明显受到了较大的经济损失，此次争议中还涉及了多家知名网络企业，如金山、百度、可牛等，给网络领域的市场竞争秩序带来了实质性侵害。企业间的争斗严重损害了网络用户的选择权，给广大用户带来了诸多不便。此案中社会公共利益所遭受的损害是客观存在的，并且这样的消极现象持续了一定的时间，社会公共利益的损失也是难以计量的。

综上所述，腾讯 QQ 强迫用户二选一的行为构成滥用市场支配地位。

四、案例启示

3Q 之争具有网络竞争的典型性案例。通过此案可以看到网络竞争模式已经有别于传统认识的竞争方式，在新的竞争环境下，如何适用《反不正当竞争法》及《反垄断法》，政府相关部门如何监管不力，是面临的新课题。

首先，社会舆论对 3Q 两家企业大都提到"不正当竞争""滥用市场支配地位"等概念。尽管已经有《反不正当竞争法》《反垄断法》等法规，但我国在网络领域的立法依然相对滞后。互联网的纠纷往往涉及多方面、多层次的问题，错综复杂，调查和处理这种案件非常需要专业的执法机构和完善的执法程序，我国对互联网上的新型竞争模式及特点的研究还不深入。互联网行业的竞争模式通行的做法是以"免费"的方式吸引用户，打造人气平台。在这个平台上投放广告、吸引用户使用收费功能等方式才是真正的盈利点。如何在《反不正当竞争法》中正确认定这一商业模式中的不正当竞争行为，值得我们思考。

互联网技术发展很快，更新换代的速度要远远高于其他行业。依据《反不正当竞争法》，执法有两种法律程序，即通过法院进行的司法程序和由执法机关主导的行政调查程序。司法程序对于起诉、受理、答辩、举证、开庭、判决，以致上诉、执行，均有完备的时限规定，一般来说经过的期限较长。一方面，行政调查程序则由行政机关主导，效率要高得多，调查期限也富于弹性。如果通过对《反不正当竞争法》的修订，能够进一步完善行政执法体系和程序，那么效率更高的行政调查就能够在此类案件中发挥更大的作用。另一方面，应加强互联网上不正当竞争行为和滥用垄断力量的监管。从本案我们可以看到，监管部门可以在四个方面有所作为：第一，加强未来互联网企业经营模式的前瞻性调研和规划，以确保竞争有序；第二，建立安全软件的市场准入制度，由监管部门或监管部门认可的第三方机构对安全软件进行评估；第三，制定网络重大事件的应急预案机制，以便对此类事件迅速做出反应，及时启动应急预案，保障网络用户利益；❶ 第四，相关管制部门应该及时迅速地组织相应的调查机构，对奇虎 360 和腾讯 QQ 这次恶性竞争进行调查，明确两个企业的违规事实，根据相应的法律法规对两个企业进行严厉惩处，为中国互联网业树一个范例。

五、相关法律法规

我国规制网络不正当竞争的立法主要有《反不正当竞争法》《互联网

---

❶ 张燕、陈胜：《"包容性增长"语境下 360 和腾讯恶性竞争事件之竞争法启示》，载《前沿》2011 年第 9 期，第 89—92 页。

信息服务管理办法》《规范互联网信息服务市场秩序若干规定》《反垄断法》等。

（一）《中华人民共和国反不正当竞争法》（第二章）（2017 年修订前）

第五条 本法所称的不正当竞争，是指经营者违反本法规定，损害其他经营者的合法权益，扰乱社会经济秩序的行为。

第六条 公用企业或者其他依法具有独占地位的经营者，不得限定他人购买其指定的经营者的商品，以排挤其他经营者的公平竞争。

第十二条 经营者销售商品，不得违背购买者的意愿搭售商品或者附加其他不合理的条件。

第十四条 经营者不得捏造、散布虚伪事实，损害竞争对手的商业信誉、商品声誉。

（二）《规范互联网信息服务市场秩序若干规定》

第五条 互联网信息服务提供者不得实施下列侵犯其他互联网信息服务提供者合法权益的行为：（一）恶意干扰用户终端上其他互联网信息服务提供者的服务，或者恶意干扰与互联网信息服务相关的软件等产品（"与互联网信息服务相关的软件等产品"以下简称"产品"）的下载、安装、运行和升级；（二）捏造、散布虚假事实损害其他互联网信息服务提供者的合法权益，或者诋毁其他互联网信息服务提供者的服务或者产品；（三）恶意对其他互联网信息服务提供者的服务或者产品实施不兼容；（四）欺骗、误导或者强迫用户使用或者不使用其他互联网信息服务提供者的服务或者产品。

第七条 互联网信息服务提供者不得实施下列侵犯用户合法权益的行为……（二）无正当理由限定用户使用或者不使用其指定的互联网信息服务或者产品。

第八条 互联网信息服务提供者在用户终端上进行软件下载、安装、运行、升级、卸载等操作的，应当提供明确、完整的软件功能等信息，并事先征得用户同意。互联网信息服务提供者不得实施下列行为：（一）欺骗、误导或者强迫用户下载、安装、运行、升级、卸载软件……

快播公司涉嫌传播淫秽物品牟利案例研究

引　言

　　"互联网是技术平台，对于传播违法犯罪信息的行为，技术平台是否无罪？"对此，人们的认识是模糊的。互联网是一把"双刃剑"。它一方面为经济社会发展提供新的动力，为人民群众生活提供新的空间；另一方面也会为一些人不当谋利提供条件，为一些人从事犯罪活动提供手段。中国互联网上存在种种乱象，究其根源，对于互联网的认知错误是一个重要原因。2016 年北京市海淀区人民法院公开审理"快播案"，引起社会关注。快播案呈现出鲜明的网络色彩，北京市海淀区人民法院通过互联网，运用视频直播技术对该案件审理过程进行全程直播，使本案原原本本呈现在网友面前。"谁经营，谁负责"，互联网不是法外之地，任何突破法律底线的行为，都应受到制裁。快播案的庭审无疑是具有示范意义的普法样本。

一、案情详述

　　快播是由深圳市快播科技有限公司（以下简称"快播公司"）开发的兼具视频播放和发布功能的一款软件，快播用户可以借助 QVOD 服务器发布大量视频到快播播放平台，再通过点播视频链接播放已被发布到快播播放平台上的任何视频。

　　这种视频分享技术和模式为淫秽视频的传播者利用——淫秽视频提供者将淫秽视频发布至快播播放平台，用户通过点播链接跳转至源网站，并通过快播播放器的转码技术观看视频。由于大量黄色网站内的视频播放都与快播播放器绑定，淫秽视频依赖快播技术进行传播的同时，也"助力"了快播公司的快速发展。快播公司迫于政府和行业压力，一方面对淫秽视频进行了形式意义上的监管，另一方面基于用户"需求"对淫秽视频的传播予以放纵。

2015年2月10日，北京市海淀区人民检察院对快播公司王欣、吴铭等人提起公诉，诉称大量淫秽视频通过快播播放器进行传播，快播公司利用淫秽视频进行牟利，涉嫌传播淫秽物品牟利罪。2016年1月7日，北京市海淀区人民法院通过网络直播的方式公开审理了快播涉黄一案❶。快播公司主要抗辩理由有三方面：第一，快播公司对淫秽视频不存在传播行为，其并未提供任何淫秽视频内容，而是用户直接用QVOD服务器发布视频；第二，QVOD服务器和快播播放器虽为淫秽视频的传播提供了技术支持，但技术本身无罪，符合技术中立原则；第三，快播公司对淫秽视频内容的发布进行了监管，但由于技术问题而无法解决。

2016年9月法院审理查明：原审被告单位深圳市快播科技有限公司通过网络系统中的大量缓存服务器介入淫秽视频传播而拒不履行安全管理义务，间接获取巨额非法利益。快播公司直接负责的主管人员王欣、吴铭、张克东、牛文举，在明知快播公司擅自从事互联网视听节目服务、提供的视听节目含有色情等内容的情况下，未履行监管职责，放任淫秽视频在快播公司控制和管理的缓存服务器内存储并被下载，导致大量淫秽视频在网上传播。

北京市海淀区法院对此案进行公开宣判，快播公司CEO王欣获刑3年6个月，判处公司罚金1000万元。广东省深圳市快播科技有限公司和王欣、吴铭、张克东、牛文举传播淫秽物品牟利案一审宣判后，原审被告人吴铭不服，提出上诉。法庭裁定驳回上诉人吴铭的上诉，维持原判。

法院审理认为，上诉人吴铭以及原审被告单位深圳市快播科技有限公司、原审被告人王欣、张克东、牛文举以牟利为目的，在互联网上传播淫秽视频，其行为均已构成传播淫秽物品牟利罪，情节严重，依法应予惩处。上诉人吴铭系快播事业部总经理，负责快播播放器等核心产品的营销工作，在快播事业部拥有管理权，应当认定为直接负责的主管人员，对快播公司传播淫秽物品牟利的犯罪行为应承担相应的刑事责任。吴铭关于其行为不构成犯罪的上诉理由及其辩护人的相同辩护意见均不能成立，不予

---

❶ 北京市海淀区人民法院，刑事判决书（2015）海刑初字第512号。

采纳。但鉴于吴铭参与时间较短，不是公司股东，作用相对王欣、张克东较轻，故可对其酌予从轻处罚。原审被告单位深圳市快播科技有限公司通过网络系统中的大量缓存服务器介入淫秽视频传播并且拒不履行安全管理义务，间接获取巨额非法利益，社会危害性大，但鉴于快播公司能自愿认罪，故可对其酌予从轻处罚。原审被告人王欣作为快播公司法定代表人、股东、执行董事、经理，张克东作为快播公司股东、事业部副总经理兼技术平台部总监，牛文举作为事业部副总经理兼市场部总监，均系快播公司传播淫秽物品牟利行为中直接负责的主管人员，应根据其在犯罪中的地位、作用承担相应的刑事责任，但鉴于三人在一审第二次庭审及二审审理期间均能如实供述犯罪事实，自愿认罪，故可分别对三人酌予从轻处罚。❶

背景资料：

快播发展时间轴：

• 2007 年，在深圳一个仅有 10 多平方米的房间，王欣带领他的创业团队开发出一款视频播放软件——快播，并创立了深圳市快播科技有限公司。

• 2011 年，快播成为全国市场占有量第一的播放器。

• 2012 年，当时的中国网民总数为 5.38 亿，而快播安装总量超过 3 亿。

• 2013 年 11 月 13 日，优酷土豆集团、搜狐视频、腾讯视频、乐视网、乐视影业、万达影业、光线传媒、日本内容产品流通海外促进机构（CODA）、中国电影著作权协会（MPA）、美国电影协会（MPAA）联合发起"中国网络视频反盗版联合行动"，对百度、快播的视频盗版、盗链采取技术反制和法律诉讼。12 月 27 日，国家版权局根据《著作权法》、《著作权法实施条例》等相关规定，对快播做出罚款 25 万元的行政处罚，责令其停止侵权行为。

• 2013 年 11 月 18 日，北京市海淀区文化委员查获快播公司托管的四台服务器，之后北京市公安局从上述服务器中的三台提取了 29841 个视频文件进行鉴定，认定其中属于淫秽视频的文件为 21251 个。

• 2014 年 3 月，有关部门在对快播公司监测中发现大量淫秽色情视

---

❶ 北京市第一中级人民法院，刑事判决书（2016）京 01 刑终第 592 号。

频。腾讯因版权问题再次对快播公司提起诉讼，称其未经许可向公众传播《辣妈正传》、《北京爱情故事》等24部作品，非法经营额达8671.6万元。

- 2014年4月，世界"扫黄打非"办公室和谐公安部、工信部和北京市公安局、广东省"扫黄打非"办、广东省公安厅、广东省通信管理局联合对快播公司传播淫秽色情视频行为进行查处。4月16日，快播连发两个公告，宣布商业模式全面转型，从技术转型原创正版内容，并将整理涉及盗版与低俗内容，关闭QVOD服务器，遏制基于快播技术的视频点播与下载。
- 2014年5月15日，快播公司因涉嫌传播淫秽色情信息的行为构成犯罪，被公安部门备案侦查，并刑拘了多名犯罪嫌疑人，王欣出逃。
- 2014年6月26日，深圳市市场监管局正式对快播公司送达《行政处罚决定书》，快播被处以2.6亿元罚款，即日生效。
- 2014年8月8日，王欣在韩国入关处被捕。
- 2014年12月，快播向法院提起行政诉讼，请求法院撤销深圳市场监管局的2.6亿元罚款并承担诉讼费。
- 2015年2月10日，北京市海淀区人民检察院对快播公司王欣、吴铭等人因涉嫌传播淫秽物品牟利罪提起公诉。
- 2016年1月7日，深圳市快播科技有限公司及4名高管被控传播淫秽物品牟利罪一案，在北京市海淀区人民法院开审。
- 2016年5月28日，快播案举行庭前审议。9月9日，北京海淀法院对快播涉黄一案进行公开审理，快播公司及被告人集体认罪。9月13日，北京市海淀区法院对此案进行公开宣判，CEO王欣获刑3年6个月，判处公司罚金1000万元。

二、关键法律问题的提出

1. 传播行为之认定
2. 快播公司主观之认定
3. 技术中立原则的适用
4. 快播公司的监管义务之来源

三、案例分析研究

(一) 传播行为之认定

检察机关诉称快播公司涉嫌传播淫秽物品牟利罪，快播公司辩称快播并未向用户提供任何淫秽视频，因此也就不存在公诉方指控的传播淫秽物品罪中的传播行为。传播行为是传播淫秽物品罪的构成要件之一，传播行为的是否存在直接决定了快播公司罪名能否成立。

传播行为作为一种立法抽象概念并非是具体的、单一的动作，其核心语义是分享信息，分享方式包括一对一、一对多、多对一和多对多，根本目的是社会信息的传递——信息的受众人数越多，传播的规模也就越大。纵观司法实践，被认定为传播淫秽物品罪的"传播行为"主要包括播放、出借、携带、展览、运输、邮寄、发表等具体方式，但随着网络技术的普及和发展，淫秽物品的载体、存储介质和传播方式都发生了重大变革，新载体、新渠道、新方式已不再局限于有形的存储介质。[1] 因此对"传播行为"的解释既不能脱离"传播"的本义和常识，也需要容纳新的行为方式。

快播用户所使用的快播播放器不仅仅是一个单纯的播放软件，还包括快播公司的 QVOD 服务器。[2] QVOD 服务器统一处理视频的上传、发布、下载和分享等一系列活动，且该服务器受到快播技术的管控。快播播放器之所以"快"，是因为快播架设了上千台的存储服务器，这个存储服务器被当作"仓库"，用来保存那些点播次数超过一定限度的视频。当快播用户观看点播次数较高的视频时，为保证观看的流畅度"仓库"就会提供给用户已保存的视频。这也就是说，快播公司通过存储服务器全面掌握着已被缓存的视频，并且可以将缓存的视频独立地提供给用户以便流畅观看，而根据北京市公安局从查获的快播公司托管的服务器中发现，淫秽视频占总视频量的 71.2%。因此，快播公司不仅仅为用户提供了播放淫秽视频的

---

[1] 毛玲玲：《传播淫秽物品罪中"传播"行为的性质认定——"快播案"相关问题的刑事法理评析》，载《东方法学》2016 年第 2 期，第 68—76 页。

[2] 王岩、赵纵洋：《深圳快播案的解读与思考》，载《电子知识产权》2014 年第 8 期，第74—79 页。

播放软件，还提供了淫秽视频内容，其传播淫秽物品的传播行为也就当然成立了。

（二）快播公司主观之认定

传播淫秽物品牟利罪的主观方面必须是故意，并且具有牟利的目的。

在庭审过程中，公诉方对快播公司主观方面的认定主要包括"明知"、"放任"和"利用淫秽视频牟利"。而辩护方主张快播公司及相关人员无法"明知"对快播技术可能造成淫秽视频被广泛传播的现实危害后果。但是，作为一个注重用户使用体验和反馈的软件开发公司，快播软件被网友戏称为"宅男神器"的含义是众所周知的，快播公司不可能不知。并且，深圳网监在2012年曾对快播公司作出责令整改的行政行为，但整改后快播公司对于淫秽色情信息仍管控不力。因此，快播公司对于快播播放器被大量的用户用以点播淫秽视频是明知的。

关于快播公司对于淫秽视频的传播是否属于"放任"，辩护方指出快播公司针对淫秽视频的传播设置了110报警系统，并且得到了深圳网监的肯定。但是公诉方的证据指出，快播公司在明知现有技术不足以控制淫秽视频的传播下，减少监管人员，使监管部门形同虚设，并且110报警系统的屏蔽工作也没有持续有效地进行。因此，快播公司本身虽然不具有传播淫秽视频的故意，但其存在放任他人利用其软件进行传播淫秽视频的故意。

快播公司是否利用淫秽视频牟利应当取决于其盈利模式。虽然快播软件下载是免费的，但快播公司不是公益机构，牟利是必然的。根据《财经》杂志报道，从2012年至2014年3月，快播公司的营业收入为5.4亿元人民币，其中快播广告收入占到61%，快玩游戏为38%。虽然快播公司的盈利方式和一般视频网站公司一样，即主要依赖于广告收入，但快播公司获得用户资源的方式及视频内容的特殊性，已然超出了互联网视频网站领域的正常经营模式及范围。用户观看快播内视频必须安装播放器，这是因为使用QVOD服务器发布的视频只能使用快播播放器进行解码观看，而快播公司在用户安装播放器时进行推销捆绑软件，在用户使用播放器时弹出页面广告或贴片广告。这就是快播公司明知服务器中有缓存的淫秽视频仍放任其存在的原因——增加知名度、用户使用量以提高广告收入，牟利目的显而易见。

（三）技术中立原则的适用

"技术中立"也被称作"实质性非侵权用途原则"或"普通商品原则"，是 1984 年美国最高法院在"环球电影制片公司诉索尼公司案"中确立的，因此也被称为"索尼标准"或"索尼原则"。❶ 其含义为：技术本身没有善恶之分，如果产品可能被广泛用于合法的且不受争议的非侵权用途，即产品具有"实质性的非侵权用途"，那么即使制造商和销售商知道其设备可能被用于侵权，也不能推定其故意帮助他人侵权并构成帮助侵权。❷ 所以，即使快播公司或其他网络行业技术提供者所经营业务是基于中立技术，如果其技术不能落入"实质性非侵权用途"范畴，也不能符合"技术中立"原则。

技术中立是指技术无罪，即快播播放器与 QVOD 服务器的技术是无罪的，但这和快播公司是否无罪是两个完全不同的概念。❸ 当技术被运用于实际过程中，被附加了服务对象、手段和目的等具体条件时，技术的"中立性"则需要综合判断。

纵观本案，快播公司的技术不仅造成大量影视作品被侵权，更被广泛运用于淫秽视频信息的传播。因此，快播公司的技术在实践中并未被运用于"实质性非侵权用途"，"技术中立"并不能成为快播公司的抗辩理由。

（四）快播公司的监管义务之来源

快播公司为淫秽视频在网络中的广泛传播提供了技术条件，但其本身并未主动发布或提供淫秽信息。部分学者主张，快播公司负有平台监管职责，但其放任和纵容淫秽视频的传播，是以不作为的方式来传播淫秽视频的。

根据 2000 年 9 月 25 日起施行的《互联网信息服务管理办法》第 16 条规定：互联网信息服务提供者发现明显属于淫秽、色情、赌博、暴力、凶杀、恐怖或者教唆犯罪的信息内容时，应当立即停止传输，保存有关记录，并向国家有关机关报告，从而取得阻止所涉信息内容扩散的效果。在

---

❶ 廖秀环：《论网络著作权的法律保护——以间接侵权为视角》，西南政法大学硕士学位论文，2014 年。

❷ 陈蓉：《网络版权侵权案中网络服务商法律责任的认定》，载《安徽科技》2006 年第 10 期，第 32—33 页。

❸ 韩志宇：《快播播放器的经营方式及其法律责任解读》，载《中国版权》2016 年第 1 期，第 47—51 页。

本案中，快播公司在提供网络信息服务时，不仅没有使其播放器符合正当用途，反而便利了淫秽视频的大量传播与播放。并且快播公司没有对淫秽视频进行有效的限制和清除，从而扩大了大量淫秽视频在网络传播过程中的实质危害性。

但也有部分学者主张，根据《刑法修正案（九）》规定：网络服务提供者对他人传播淫秽信息要承担安全管理的义务，但是"快播案"案发在《刑法修正案（九）》施行之前，按照"法不溯及既往"的原则，该刑法规定不能作为快播公司入罪的依据。虽然根据《互联网信息服务管理办法》的规定，快播作为网络服务提供者，确实具有清除淫秽视频、净化网络空间的义务，● 但是层级较低的法律义务并不能直接上升为刑法义务。❷ 以作为的方式违反层级较低的法律义务只能构成"一般违法"，但如果以不作为的方式违反层级较低的法律义务就构成"刑事违法"的话，将会导致不作为犯罪的扩大化。

四、案例启示

（一）电子数据的取证问题

电子数据是现代信息技术的产物，随着涉及网络技术的案件不断增多，电子数据呈现出新的态势。❸ 在"快播案"的庭审质证过程中，公诉方与被告方就作为证据的电子数据的提取鉴定问题展开了激烈的质证，这暴露了新型网络技术对电子数据证据的影响。

首先，公安机关现阶段并不完全具备处理这类电子证据的能力，对此类技术性较强的工作进行了外包（由文创动力公司负责对本案电子证据进行采集和转码）；其次，电子证据容易被销毁和篡改，公安机关对新型电子证据仍采用传统分析方法，容易导致电子证据的损坏；最后，快播公司有大量的数据缓存文件都分布在国内甚至国外的服务器中，由于每个国家对于存储数据的管理有不同的法律规定，这种跨区、跨国的电子证据涉及

● 车浩：《快播案庭审结束法律界人士肯定全程公开庭审》，腾讯网，2016 年 1 月 10 日。

❷ 毛玲玲：《传播淫秽物品罪中"传播"行为的性质认定——"快播案"相关问题的刑事法理评析》，载《东方法学》2016 年第 2 期，第 68—76 页。

❸ 杜翰洋：《论新型网络技术对电子数据证据的影响——以"快播案"为例》，载《广西青年干部学院学报》2016 年第 1 期，第 83—86 页。

较为复杂的管辖权问题，如何有效、合法地跨区和跨国取证也是一个巨大难题。

因此，在司法实践中不仅要提高电子数据取证的技术方式，而且应完善电子数据取证的相关法律制度。

（二）宣示教育意义

北京海淀区法院通过互联网视频直播技术，对案件过程进行了全程直播。作为2016年"互联网开年第一案"，此次司法公开审理在广大网友群体中引起了强烈反应，同时也引起学术界对于互联网发展与法律边界的讨论。

由于快播案的特殊性，不同人基于不同生活经历、身份立场以及学识水平等对快播公司是否有罪都会有不同的看法，公众在控辩双方的交锋辩论的过程中开启了"自由辩论模式"，在网上众说纷纭，掀起了一起"网络审判"浪潮。对于这种现象，有学者认为根据现阶段中国法治建设水平，对于这类敏感度较高、争议性较大的案件，公开审判采取网络全程直播的手段容易导致对公开审判本义的偏离和对法治理念的违背。

但是，快播案能够向全社会公开审理，本身就是司法信心的昭示，也是中国在阳光法治建设方面的进步之举。同时，网络公开审理案件是一种很好的普法方式，一方面有利于公众增强法律知识，提高法律素养和法治意识；另一方面也有利于促进我国公正司法，有效防治司法腐败，提升司法公信力，推动中国法治的进步。❶

五、相关法律法规

（一）《全国人大常委会关于维护互联网安全的决定》

三、为了维护社会主义市场经济秩序和社会管理秩序，对有下列行为之一，构成犯罪的，依照刑法有关规定追究刑事责任：

（一）利用互联网销售伪劣产品或者对商品、服务作虚假宣传；

（二）利用互联网损坏他人商业信誉和商品声誉；

（三）利用互联网侵犯他人知识产权；

---

❶ 陈永艳：《论我国法院立案公开》，浙江大学硕士学位论文，2014年。

（四）利用互联网编造并传播影响证券、期货交易或者其他扰乱金融秩序的虚假信息；

（五）在互联网上建立淫秽网站、网页，提供淫秽站点链接服务，或者传播淫秽书刊、影片、音像、图片。

（二）《中华人民共和国刑法》

第二百八十七条之一 【非法利用信息网络罪】利用信息网络实施下列行为之一，情节严重的，处三年以下有期徒刑或者拘役，并处或者单处罚金：

（一）设立用于实施诈骗、传授犯罪方法、制作或者销售违禁物品、管制物品等违法犯罪活动的网站、通讯群组的；

（二）发布有关制作或者销售毒品、枪支、淫秽物品等违禁物品、管制物品或者其他违法犯罪信息的；

（三）为实施诈骗等违法犯罪活动发布信息的。

单位犯前款罪的，对单位判处罚金，并对其直接负责的主管人员和其他直接责任人员，依照第一款的规定处罚。

有前两款行为，同时构成其他犯罪的，依照处罚较重的规定定罪处罚。

（三）《中华人民共和国电信条例》

第五十七条 任何组织或者个人不得利用电信网络制作、复制、发布、传播含有下列内容的信息：

（一）反对宪法所确定的基本原则的；

（二）危害国家安全，泄露国家秘密，颠覆国家政权，破坏国家统一的；

（三）损害国家荣誉和利益的；

（四）煽动民族仇恨、民族歧视，破坏民族团结的；

（五）破坏国家宗教政策，宣扬邪教和封建迷信的；

（六）散布谣言，扰乱社会秩序，破坏社会稳定的；

（七）散布淫秽、色情、赌博、暴力、凶杀、恐怖或者教唆犯罪的；

（八）侮辱或者诽谤他人，侵害他人合法权益的；

（九）含有法律、行政法规禁止的其他内容的。

优酷网诉金山公司屏蔽
视频广告案例研究

引 言

随着互联网技术的发展，互联网经济现象的出现，互联网企业之间的竞争愈演愈烈，涉互联网的不正当竞争案件也呈现高发态势。由于互联网本身的特点，互联网上发生的不正当竞争行为呈现出与传统经济领域的不一样特征，成为近年来反不正当竞争法研究者面临的崭新课题。有一些案例在现行法律没有明文规定的情况下，法官运用诚实信用这一基本原则，面对互联网新技术、商业运营新模式引发的疑难复杂问题作出了积极探索。

一、案情详述

优酷网是合一信息技术有限公司旗下经营的视频服务平台，向普通用户提供"有广告＋免费视频"[1]的完整服务。如果普通用户通过付费成为优酷会员，则观看视频时不需要再看广告。

猎豹浏览器是金山公司开发并推出的一款主打安全与极速特性的浏览器。猎豹浏览器在安全方面有一项过滤视频广告的功能，该功能可以过滤优酷网视频广告，从而在优酷网普通用户中获得大量市场资源。

优酷网的经营者合一公司将金山公司等[2]三被告诉至法院，诉称猎豹

---

[1] 优酷网主要通过广告客户支付广告费营利——据财务报告显示，优酷2014年全年净收入为人民币40亿元，其中广告收入为36亿元，占比90%；2015年前三季度净收入46亿元，其中广告收入35.227亿元，占比76.58%。

[2] 浏览器的权利方北方金山网络科技有限公司、主要经营方北方金山安全软件有限公司、金山猎豹浏览器官方网站发布和推广经营方贝壳网际（北京）安全技术有限公司。

浏览器通过修改并诱导用户修改优酷网参数，屏蔽优酷网视频内广告，该行为对优酷网构成了不正当竞争。2013 年 12 月 25 日，北京市海淀区人民法院做出一审判决：优酷胜诉，金山公司赔偿优酷网的经营者合一公司各项经济损失 30 万元，并在金山猎豹浏览器首页对合一公司公开致歉，消除影响。

金山公司等三被告不服，提起上诉。❶ 上诉理由主要有二：猎豹浏览器的屏蔽广告功能默认是关闭的，该浏览器并非针对视频广告而开发，是否屏蔽广告在于用户的自主选择，按照行业惯例，浏览器软件一般都具备广告过滤功能，该功能应符合技术中立原则；优酷网提供不可关闭的视频广告属于恶意广告。2014 年 4 月 24 日，此案二审在北京市第一中级人民法院开庭。2014 年 9 月 12 日，北京市第一中级人民法院做出终审判决：驳回上诉，维持原判。

二、关键法律问题的提出

1. 播放广告行为的违法性判断
2. 因果关系及竞争关系之确定
3. "技术中立"原则的适用

三、案例分析研究

（一）播放广告行为的违法性判断

1. 视频广告是否为恶意广告

从恶意广告之定性来讲，目前我国对恶意公告的内涵及外延还没有明确权威的法律法规规定。被告金山公司主张遵循《互联网自律公约》之规定——恶意广告包括频繁弹出的对用户造成干扰的广告类信息以及不提供

---

❶ 金山公司还提出合一公司在一审中提交的公证书存在瑕疵：优酷网在对猎豹浏览器过滤视频广告行为的公证保全过程中，公证处所使用的电脑装载了具有视频广告过滤功能的 360 软件，故无法判断视频广告被过滤的效果是猎豹浏览器还是 360 软件所致。根据双方提供的证据，法院最后认为本案中优酷网视频广告被过滤是启用猎豹浏览器视频广告过滤功能所致，并非 360 软件等影响。

关闭方式的漂浮广告、弹窗广告、视窗广告等，从而判断优酷网的视频内广告因具有不可关闭性，应属于《互联网自律公约》规定的恶意广告。

法院认为，❶ 被行业组织及公众认为的恶意广告往往具有破坏网站信息完整性、不恰当地干扰用户正常浏览网页等特点，采取一定的技术措施阻止这些恶意广告通常属于维护网络正常经济秩序的行为。要判断本案中优酷网视频广告是否为恶意广告，不能单独割裂看待视频广告本身，而是应该从合一公司经营优酷网的商业模式之整体出发进行探究。优酷网视频广告属于合一公司正当商业模式下所提供的整体服务的一部分，在本质上不同于被行业惯常认定的恶意广告。金山网络公司仅从优酷视频内广告过长和不可关闭等特点，得出优酷网视频广告为恶意广告的结论是不成立的。

2. 正当商业模式之认定

《反不正当竞争法》所要保护的法益，是蕴含在正当商业模式背后的经营者的正当的商业利益。❷ 视频网站行业经营模式的正当性引领着该行业的未来，而司法政策的干预，对正当性的认定起着至关重要的作用。

正当商业模式的判断依据来源于我国司法实践在解决互联网纠纷案中产生的一个重要标准——非公益必要不干扰原则，❸ 其主要内容为：互联网产品或服务应当和平共处，自由竞争，是否使用某种互联网产品或者服务，应当取决于网络用户的自愿选择。互联网产品或服务之间原则上不得相互干扰，除非确实出于保护网络用户等社会公众的利益的需要，否则，应当认定其违反了自愿、平等、公平、诚实信用原则和互联网产品或服务竞争应当遵守的基本商业道德，应当承担相应侵权责任或不正当竞争责任。

纵观我国既有的司法案例，法院认定视频网站的一类基础商业模式是视频网站免费提供视频内容和播放广告。在本案中，两审法院均认定，优酷公司的商业模式没有违反现有的相关法律规定、商业道德以及诚实信用

---

❶ 北京市海淀区人民法院，民事判决书（2013）海民初字第 13155 号。

❷ 张钦坤、刘娜：《浅析屏蔽视频网站广告行为的违法性》，载《中国版权》2015 年第 4 期，第 41—45 页。

❸ 杨华权：《消费者同意的计算兼评"非公益必要不干扰原则"》，载《电子知识产权》2015 年第 4 期，第 88—93 页。

原则，其权益应该受到法律的保护。

但国内亦有学者提出异议："商业模式"是自由竞争的产物，但并不是《反不正当竞争法》所保护的客体。在市场经济条件下，我国互联网经济领域的商业模式已走向多元化，新的商业模式取代旧的商业模式是市场经济发展的必然，通过法律手段来保护既有商业模式，将会影响互联网经济形态的多样性、阻碍技术革新和商业模式的创新。

3. 非公益必要不干扰原则之适用

金山公司诉称优酷网强制用户观看广告的行为，屏蔽广告之功能是基于社会公共利益，因而其行为具有正当性。但在我国目前的司法实践中，法院却对视频行业的商业模式给予了正当性的认定，笔者认为认定依据如下：

就优酷而言，其最核心、主流化、规模化的商业模式是"免费视频 + 视频内广告"，这种模式也是视频行业持续规模化发展的基础。目前广告收费是已经被视频网站行业普遍采纳的最主要的盈利渠道，如果对该商业模式不给予任何正当性保护而是完全由市场进行调节，那么过滤页面广告过滤功能的发展无疑会对视频网站行业产生致命打击——要么引发视频产业重组，要么扩大用户收费观看视频的范围。这样不仅仅会使用户通过互联网浏览视频的机会及便利性剧减，还会导致该行业秩序的混乱甚至视频网站将难以发展。因此，法院对现有的视频网站商业模式的正当性认定，是从长远的角度保护了竞争机制和消费者利益，猎豹浏览器屏蔽视频广告功能之应用既非基于公共利益，甚至可能会威胁到公共利益。

（二）因果关系及竞争关系之确定

1. 猎豹浏览器屏蔽广告的功能与合一公司的亏损之间是否存在因果关系

金山公司在诉讼中辩称，猎豹浏览器的广告屏蔽功能默认设置是关闭状态，由广大用户自行选择是否开启广告屏蔽功能，因此其屏蔽广告的功能与合一公司的亏损之间不存在因果关系。

在本案中因果关系的可能性应与损害结果的可预见性程度成正比，由此可得出其猎豹浏览器屏蔽广告的功能与合一公司的亏损之间存在因果关系，理由如下：第一，金山公司与合一公司所经营的业务都属于互联网行业，金山公司应熟知优酷等视频网站的商业模式，那么金山公司对具有屏蔽视频广告功能的猎豹浏览器之侵权风险就应该有相应的足够认识；第二，金山公司利用猎豹浏览器屏蔽广告这一功能获取大量用户资源，其对于用户自觉放弃使用猎豹浏览器屏蔽广告之功能，根本不具有可期待性。

2. 合一公司与金山公司之间是否具有竞争关系

1993 年的《反不正当竞争法》第 2 条第 2 款规定："本法所称的不正当竞争，是指经营者违反本法规定，损害其他经营者的合法权益，扰乱社会经济秩序的行为。"❶ 这一定义性规范从行为主体、违法属性以及危害后果的角度界定了不正当竞争行为，但并未明确要求不正当竞争行为人与其他经营者之间必须存在竞争关系。在我国司法实践中，法院普遍以当事人之间存在竞争关系作为适用我国《反不正当竞争法》的前提，竞争关系的存在与否直接决定着能否构成不正当竞争行为。

在传统商业模式下，对竞争关系的理解大多限于狭义直接的同业竞争关系，即要求经营者之间经营的产品、服务相同或类似。❷ 互联网竞争与传统行业的竞争不同，其以"注意力竞争"为核心，以跨界竞争和创新竞争为常态，企业通过产品的研发或服务的提升来吸引消费者的注意，并以此为基础拓展产品和服务领域，从而形成"乘方效应"以便获取更多的商业价值。因此互联网经济也被称为"注意力经济""眼球经济"。那么在互联网行业不正当竞争案件中，判断某个竞争行为是否应该落入《反不正当竞争法》的规制范畴，就应该契合反不正当竞争法的现代法律定位，采取广义的竞争关系概念，这样才能符合产业发展实际，又与国际通行理解相符。

本案二审判决中指出，"当前互联网经济由于行业分工细化、业务交叉重合的情况日益普遍，对竞争关系的理解不应限定为某特定细分领域的同业竞争关系，而应着重从是否存在经营利益的角度进行考察。"这也就是说，在互联网经济领域，❸ 竞争利益主要是互联网领域经营者对客户群

---

❶ 李春华、付中强：《中德反不正当竞争法之比较》，载《商业研究》2005 年第 6 期，第 57—60 页。

❷ 张钦坤、刘娜：《浅析屏蔽视频网站广告行为的违法性》，载《中国版权》2015 年第 4 期，第 41—45 页。

❸ 张钦坤、刘娜：《浅析屏蔽视频网站广告行为的违法性》，载《中国版权》2015 年第 4 期，第 41—45 页。

体以及交易机会等市场资源进行争夺的利益，不正当竞争行为是经营者以不正当方式，与竞争对手或其他经营者直接或间接地争夺交易机会的行为，而竞争关系是由此而发生的损害与被损害的关系。

在本案中，金山公司的猎豹浏览器使优酷网视频广告被过滤，影响了合一公司的交易机会和广告收益，使二者产生了现实的经营利益纠纷，而法院基于竞争法基础理论，并结合从产业实际，从"行为"角度而非"产品"角度认定了合一公司与金山公司之间竞争关系的存在。

（三）"技术中立"原则的适用

金山公司在诉讼过程中主张其竞争行为具有正当性，屏蔽广告技术应纳入"技术中立"范畴。

"技术中立"也被称作"实质性非侵权用途原则"或"普通商品原则"，是1984年美国最高法院在"环球电影制片公司诉索尼公司案"中确立的，因此也被称为"索尼标准"或"索尼原则"。❶ 其含义为：技术本身没有善恶之分，如果产品可能被广泛用于合法的且不受争议的非侵权用途，即产品具有"实质性的非侵权用途"，那么即使制造商和销售商知道其设备可能被用于侵权，也不能推定其故意帮助他人侵权并构成帮助侵权。例如，水果刀具既可用于生活需要，又可用于伤害他人，不过水果刀具被广泛用于前者，且对人身的伤害性相对较小，那么水果刀具则具有"实质性的非侵权用途"，符合技术中立原则，因此制作、销售水果刀具均不受流通限制。

从美国判例法中引进的"技术中立"原则必须与中国法治现状及法治理念相结合，才能得到合理的适用。在司法实践中，我国最高法院为"实质性非侵权用途"标准的适用设立了一个严格的前提——除了产品被实际用于侵权行为之外，没有其他证据能够证明销售者有意教唆和引诱他人侵权。换言之，如果销售者帮助他人侵权的意图已得到了证明，则根本没有"实质性非侵权用途"标准的适用余地。

在本案中，金山公司开发的猎豹浏览器具有自动屏蔽广告的功能，且该功能仅有此用途，法院认为金山公司在开发屏蔽软件之初即具有主观故

---

❶ 姚国馨：《互联网电视商侵害著作权的责任理论基础分析》，载《延安职业技术学院学报》2013年第4期，第30、31、34页。

意。金山公司通过屏蔽广告功能获得市场利益，并称这种行为是基于用户的选择，但实际上，金山公司的这种功能设置显然是滥用用户需求并将其作为实施不正当竞争的工具，以不正当竞争手段破坏他人合法的商业模式。因此，金山公司通过此功能来谋利并侵犯优酷网的合法利益的行为，不适用"实质性非侵权用途"，不应纳入"技术中立"范畴。

四、案例启示

（一）关于"认定竞争关系"的反思

在立法过程中，对竞争关系的定性并未作出明确规定，这一"盲点"是由于在立法之初理论研究不足留下的。我国学者根据司法实践中所反映的情况以及对国外相关规定的考察，普遍认为在反不正当竞争法中竞争关系的认定呈现广义化的趋势，有学者称为"竞争关系淡化"●。

面对竞争关系广义化的趋势，在不正当竞争行为中是否有必要认定竞争关系的存在也是一个争议的焦点。在司法实践中将竞争关系作为不正当竞争行为的前提条件，然而有些学者提出，不正当竞争行为的构成在于其行为本身的正当性，而与其针对的对象并无多大关系，将竞争关系作为反不正当竞争法的先决条件，在论证竞争关系上将耗费大量的司法资源。

总的来说，目前竞争关系宽泛解释的发展趋势在学术界获得普遍认同，但对于宽泛解释后竞争关系对不正当竞争行为的认定是否仍然有意义、意义是什么等一系列问题，尚缺乏进一步的研究。

（二）关于"正当商业模式"的反思

本案的判决虽然肯定了优酷网商业模式的正当性，但法院却没有忘记对于用户利益的考虑。海淀法院判决指出，"虽然本院认定本案中合一公司的商业模式具有正当性，但不意味着确认该商业模式已经对消费者权益保护做了充分考量。被告对猎豹浏览器开发设置过滤视频广告软件，一定程度上是为了迎合目前部分网络用户改变对优酷网视频广告过多、过长不良体验的需求。在现行法律法规及司法实践对某项市场行为尚无明确法律

● 郑友德、杨国云：《现代反不正当竞争法中"竞争关系"之界定》，载《法商研究》2002年第6期，第64—69页。

评价的情况下，要求市场经营者对其就某项用户需求进行开发经营从决策到实施过程中能完全明晰其行为的法律定性，存在一定的现实困难。"

对视频网站经营行业的规范及监督的法律缺失，导致许多视频网站经营者滥用了法律给予保护的正当商业模式，让观看免费视频的用户承担过高的"对价"，甚至任意增长广告时间，使用户利益受损。面对屏蔽视频网站广告这一市场竞争行为，司法机关结合互联网行业经营活动的特点，给《反不正当竞争法》第 2 条所规定的自愿、平等、公平和诚实信用原则注入了新的内涵，厘清了互联网行业竞争的合法边界，但这并没有解决导致这一不正当竞争行为之所以能够发生的根本矛盾。❶

因此，视频网站应充分考虑如何将广告收费模式进一步创新，减少广告时长，提升广告质量，变换广告方式，迎合用户所需，这才是视频网站未来在市场中立足或取胜的关键。与此同时，互联网经营行业规范的空白需要立法机关、行业协会及公益社会组织等相关主体的共同完善，司法实践在适用法律过程中也应充分把握市场经济发展的多样性和复杂性，为互联网领域经济的长足发展创造公平、公正、有序和成熟的市场竞争秩序。

五、相关法律法规

《中华人民共和国反不正当竞争法》（2017 年修订前）

第一条 为保障社会主义市场积极健康发展，竞争行为，保护经营者和消费者的合法权益，制定本法。

第二条 经营者在市场交易中，应当遵循自愿、平等、公平、诚实信用的原则，遵守公认的商业道德。

本法所称的不正当竞争，是指经营者违反本法规定，损害其他经营者的合法权益，扰乱社会经济秩序的行为。

本法所称的经营者，是指从事商品经营或者营利性服务（以下所称的商品包括服务）的法人、其他经济组织和个人。

---

❶ 张钦坤、刘娜：《浅析屏蔽视频网站广告行为的违法性》，载《中国版权》2015 年第 4 期，第 41—45 页。

第二十条 经营者违反本法规定，给被侵害的经营者造成损害的，应当承担损害赔偿责任，被侵害的经营者的损失难以计算的，赔偿额为侵权人在侵权期间因侵权所获得的利润；并应当承担被侵害的经营者因调查该经营者侵害其合法权益的不正当竞争行为所支付的合理费用。

被侵害的经营者的合法权益受到不正当行为的损害，可以向人民法院提起诉讼。